살면서 꼭 한 번은

논어

살면서 꼭 한 번은 논어

초판 발행	2021년 9월 23일
2쇄 발행	2022년 1월 3일
지은이	임성훈
펴낸곳	다른상상
등록번호	제399-2018-000014호
전화	02)3661-5964
팩스	02)6008-5964
전자우편	darunsangsang@naver.com
ISBN	979-11-90312-41-7 03190

독자 여러분의 책에 관한 아이디어나 원고 투고를 설레는 마음으로 기다리고 있습니다.
이메일로 간단한 개요와 취지, 연락처를 보내주세요. 독자님과 함께하겠습니다.

살면서
꼭 한 번은
논어

임성훈 지음

다른
상상

건강한 삶을 위한 배움의 자세

《논어》는 시대와 장소를 초월하는 최고의 고전(古典)이다. 공자와 그의 제자들의 언행을 기록한 책으로, 본문의 많은 부분을 차지하는 내용도 공자의 말과 행동이다. 공자는 인류의 정신적인 성장에 큰 영향을 끼친 세계 4대 성인 중 한 사람으로, '책 좀 읽어봤다' 하는 독서가들은 예외 없이 《논어》를 읽고 추천한다.

하지만 아무리 좋은 책이라고 해도 막상 《논어》를 읽어보려고 하면 만만치 않다. 한자로 되어 있기 때문이다. 우리말로 번역한 책에서도 해석이 제각각이다. 경전의 깊은 뜻과 맥락은 사전에 나오는 한자의 뜻을 그대로 번역한다고 알 수 있는 것이 아니다. 배경 지식과 저자가 살던 시대에 통용되던 특정한 개념에 대한 이해가 필요하다. 그리고 그것을 우리가 사는 시대에 맞게 잘 적용해 풀어내는 것이 중요하다.

《논어》는 그리 정교하게 편집된 책이 아니다. 생각할 거리를 던져

주는 좋은 내용이 대부분이지만, 유학과 동양 사상을 전문적으로 연구하지 않는 일반인들이 굳이 알 필요 없는 내용도 꽤 있다.

　이 책은 《논어》를 처음 접하는 독자들이 쉽게 읽을 수 있도록 집필했다. 나는 '아레테인문아카데미'를 운영하면서 필사하기 좋은 책으로 《논어》를 추천하고, 일반인들을 대상으로 그에 대한 강의를 해왔다. 그 과정에서 처음 《논어》를 접하는 사람들을 위해 쉽게 읽을 수 있는 초역(抄譯, 필요한 부분만 뽑아내어 번역) 작업의 필요성을 절감했다. 개인적으로는 초등학생 아들과 《논어》를 필사하면서 아이와 함께 필사하기 좋은 부분 위주로 정리를 했으면 좋겠다는 생각도 있었다. 그런 고민의 결과물로 이 책이 세상에 나오게 되었다.

　먼저, 일반 독자들에게 불필요해 보이는 내용은 생략하고, 핵심적인 장을 선별했다. 《논어》는 제1편 학이學而부터 제20편 요왈堯曰까지 총 20편, 498개의 장으로 구성되어 있다. 이 중에서 반복되거나 지나치게 어렵고, 시대 상황에 맞지 않는 장을 제외한 232개 장을 뽑았다.

다음으로, 균형 있는 해석을 위해 힘썼다. 기존에 나온 《논어》의 해설서가 주자(朱熹, 1130~1200)의 《논어집주》의 영향을 많이 받아, 다소 형이상학적이고 사변적인 경향이 많다. 이에 반해, 다산 정약용의 《논어고금주》는 사람 사이의 관계에 초점을 맞추어 좀 더 현실적으로 해석했다. 이 두 관점을 균형 있게 비교하면서 나의 견해를 덧붙이고, 되도록 이해하기 쉽게 해석했다.

마지막으로, 현실감각에 맞는 풀이를 위해 노력했다. 이 책의 특징은 《논어》의 내용을 단순히 소개하는 것이 아니라 모든 장에 나름의 풀이를 곁들였다는 것이다. 《논어》는 2,500여 년 전에 살았던 사람들의 말이다. 지금 이 시대를 살아가는 우리가 공자와 제자들의 말을 어떻게 받아들이면 좋을지 고민한 흔적이 각 장의 풀이 부분이다. 부족한 글이지만, 참고하여 읽으면 원문의 이해와 적용에 조금이나마 도움이 될 것이라 믿는다.

《논어》에서 다루는 주제는 상당히 광범위하지만, 그중 핵심적인 주제는 아래 몇 가지로 정리할 수 있다.

첫째, 삶은 배움을 통한 성장이다.

공자는 끊임없는 배움을 강조하였다. 공자는 '옛것을 믿고 좋아(信而好古. 「述而」)'했고, '힘써 그것을 탐구(好古敏以求之者, 「述而」)'했다. '세 사람이 길을 가면 그중에 반드시 나의 스승이 있으니(三人行, 必有我師焉, 「述而」)' 누구에게나 배우는 자세를 잃지 않았다.

우리가 세상에 태어나 살아가는 이유는 배움을 통해 자신을 확장하기 위해서다. 우리의 모든 경험은 배움의 관점에서 보면 완벽하다. 좋은 경험을 통해서는 행복을 느낄 수 있고, 나쁜 경험은 자신의 단점을 고치는 기회가 된다.

둘째, 자기만의 가치 있는 삶을 정의하고 의연하게 살아간다.

혼란스러운 춘추 시대에 공자와 제자들은 의미 있는 삶을 살기 위해 고군분투했다. 각자의 소명이 무엇인지, 무엇이 옳은 길인지 치열하게 고민했다. 공자는 이익을 좇는 소인이 아닌, 의리와 인간다움을 추구하는 군자가 되는 길을 택했다. 그 과정에서 고난이 닥쳐오더라도 세상을 원망하지 않고 의연하게 대처했다.

셋째, 나와 남이 다르지 않다는 깨달음이 '인(仁)'이다.

주자가 생각한 '인(仁)'은 마치 봄기운이 만물을 고르게 생육하는 것과 같은 천지의 덕성이 인간에게 발현된 마음이다. 좋은 해석이지만, 가슴에 와닿지는 않는다. 정약용은 '인(仁)'을 두 사람 사이의 원만한 관계로 보았다. 이것도 훌륭한 해석이지만 뭔가 부족하다. 내가《논어》를 수차례 읽으면서 내린 결론은 공자가 전한 '인(仁)'은 바로 '사랑'이라는 것이다.

공자는 '어르신들은 편안히 해드리고, 친구들은 믿음으로 대하고, 나이 어린 자들은 품어주고 싶다(老者安之, 朋友信之, 少者懷之.「公冶長」)고 말한다. 돌려 말할 것 없이 이것은 타인에 대한 사랑이다. 나와 남이 다르지 않다는 깨달음, 곧 사랑이 공자의 '인(仁)'이다.

넷째, 자기 발목을 잡는 것은 자기 자신이다.

공자는 제자들이 스스로 한계를 긋고 앞으로 나아가지 못하는 것, 재주가 부족하다고 한탄하면서 노력하지 않는 것, 낮잠 자면서 태만한 것, 스스로 생각하지 않고 묻기만 하는 태도 등에 대해 상당히 비

판적이었다. 그는 사람이 성장하고 발전하지 못하는 것은 누구의 탓도 아닌 자기 자신의 문제라고 생각했다.

실패를 원하는 자는 핑계만 대고, 성장을 원하는 자는 용맹하게 전진한다. 《논어》 곳곳에 성장, 발전, 성공을 위해 필요한 의식에 대해 강조되어 있다. 수백 권의 자기 계발서를 읽는 것보다 《논어》를 여러 번 읽는 것이 좋은 이유이다.

이외에도 사람의 마땅한 도리에 대한 다양한 깨달음이 곳곳에 녹아 있다. 좋아하는 차를 한 잔 마시면서 등받이에 등을 대고 편안하게 책을 읽어가다 보면 지금 당신에게 필요한 그 한마디를 반드시 찾아낼 수 있을 것이다.

이 책이 나오기까지 아낌없는 응원을 보내준 사랑하는 가족들에게 무한한 사랑과 고마움을 전한다.

2021년 임성훈

차례

진정한 배움을 행하려면

학이  學而

논어의 첫 번째 편으로, 원문은 16장이다.
주로 배움의 중요성과 배운 것의 실천,
올바른 사람의 근본, 인성, 성찰하는 자세,
말의 신뢰 등을 이야기한다.

배운 것은 실천하라

學而時習之, 不亦說乎!
학 이 시 습 지 불 역 열 호

有朋自遠方來, 不亦樂乎!
유 붕 자 원 방 래 불 역 락 호

人不知而不慍, 不亦君子乎!
인 부 지 이 불 온 불 역 군 자 호

배우고 때에 맞게 그것을 행하면 기쁘지 않겠는가!

벗이 먼 곳에서 찾아오면 즐겁지 않겠는가!

사람들이 나를 알아주지 않더라도,

노여움을 품지 않으면 군자가 아니겠는가!

선배들의 깨달음과 지식을 잘 배우는 것이 '학(學)'이다. 배운 것은 그냥 두면 고인물처럼 썩어버린다. 아는 것은 실천해야 한다. '습(習)'은 새가 하늘을 나는 모습을 나타낸 글자다. 새가 하늘을 날아다니려면 나는 법을 부모에게 배우되, 그저 알고만 있으면 안 된다. 반드시 스스로 날갯짓을 연습을 해야 한다. 반복해서 익히고 실천해야 배움의 목적을 달성할 수 있다. 배운 것을 제대로 행하는 것, 그것이 진정한 배움이다.

무엇이 근본인가?

君子務本. 本立而道生.
군자무본 본립이도생

孝弟也者, 其爲仁之本與.
효제야자 기위인지본여

군자는 근본에 힘쓰니, 근본이 바로 서면 도가 생긴다.
효도와 형제에 대한 공경이 인을 행하는 근본이다.

공자의 제자 유자(유약)의 말이다.

'본(本)'은 나무(木)의 뿌리 밑, 모든 사물의 근본을 나타낸다. 뿌리가 약하거나 썩으면 나무가 흔들리거나 쓰러지듯이, 인간으로서의 근본이 무너지면 올바른 사람이 될 수 없다. 《논어》에서 군자는 인격이 뛰어난 사람으로, 소인과 대비된다. 인격이 완성된 사람은 근본에 힘쓴다. 이익보다는 '사람다움'에 관심이 많다. 무엇이 근본인가? '인(仁)'은 사람과 사람 사이, 관계 속에서의 사랑과 어짊을 나타낸다. 부모에게 효도하고, 형제를 공경하는 사람은 다른 사람들과의 관계에서 선을 넘는 일이 없다.

껍데기 뒤의 진심을 꿰뚫어보라

巧言令色. 鮮矣仁.
교 언 영 색   선 의 인

교묘하게 말을 꾸미고 얼굴빛을 꾸미는 사람 중에는 어진 이가 드물다.

　남에게 듣기 좋은 말을 잘하는 사람, 남 앞에서 자신의 얼굴빛을 꾸미는 사람은 진실하지 못하다. 상대에게 바라는 것이 있기에 자연스럽지 않게 자신을 치장한다. 원활한 인간관계를 위해서는 때때로 다른 사람의 기분을 맞춰야 할 필요가 있다. 하지만 자신의 속내를 잘 드러내지 않고, 남의 비위만 맞추는 사람이 진실한 경우는 드물다. 꾸며대는 말이나 외모 이면에 있는 그 사람의 진심을 꿰뚫어볼 줄 알아야 한다. 껍데기만 보고 사람을 판단하면 진실을 놓칠 수 있다.

항상 스스로 성찰하라

吾日三省吾身.
오 일 삼 성 오 신

爲人謀而不忠乎. 與朋友交而不信乎? 傳不習乎?
위 인 모 이 불 충 호 여 붕 우 교 이 불 신 호 전 불 습 호

나는 매일 세 가지로 자신을 돌이켜본다.

남을 위하여 일을 도모함에 진심을 다했는가?

벗들과 사귐에 믿음을 주었는가?

전해 받은 가르침을 실천했는가?

공자의 제자 증자(증삼)의 말이다.

우리는 항상 자신을 객관적으로 바라보려고 노력해야 한다. 그렇지 않으면 스스로 꾸며낸 모습에 만족하고 성장하지 않거나 이러쿵저러쿵 떠들어대는 남들의 평가에 흔들리기 쉽다. 증자는 다른 사람들과의 관계에서 자신이 진심을 다하고 있는지, 친구들과의 교류에서 자신이 한 말을 잘 지켜 믿음을 주고 있는지, 스승에게 배운 것을 잘 실천하고 있는지 세 가지 기준으로 자신을 돌이켜보라고 말한다.

지식보다 인성이 우선이다

弟子入則孝, 出則弟, 謹而信, 汎愛衆, 而親仁,
제 자 입 즉 효 출 즉 제 근 이 신 범 애 중 이 친 인

行有餘力, 則以學文.
행 유 여 력 즉 이 학 문

젊은이들은 집에서 효도하고, 밖에 나가 어른을 공경하며, 말과 행동을 믿음직하고 떳떳하게 해야 한다.
차별 없이 많은 사람을 사랑하되 어진 사람을 가까이해야 한다.
이렇게 행하고도 남은 힘이 있다면 그제서야 글을 배울 것이다.

사람의 도리를 하지 않는 사람, 인성이 비뚤어진 사람이 머릿속에 지식만 가득 차 있으면 사회에 해가 되기 쉽다. 자식을 진정으로 사랑한다면 입시와 학교성적에만 목매지 말고 무엇보다 인성교육을 시켜야 한다. 인성이 무너진 지식인은 자신의 삶뿐만 아니라 다른 사람의 삶까지도 비극으로 만들어버릴 수 있다. 유대인의 파르데스 교육법, 영재교육의 전설 칼 비테 교육법, 그 밖에 수많은 명문가에서 선택한 교육법의 공통점은 바로 인성에 있다.

믿음을 주는 사람이 성숙한 사람이다

朋友交, 言而有信, 雖曰未學, 吾必謂之學矣.
붕우교 언이유신 수왈미학 오필위지학의

벗과 사귀되 말에 믿음이 있다면,
비록 배우지 않았다고 하더라도 나는 반드시 그를 배운 사람이라고 할 것
이다.

공자의 제자 자하의 말이다.

믿음이 가는 사람은 어떤 사람인가? 자기가 한 말을 지키지 않는
사람, 아무렇지도 않게 번복하는 사람, 기억나지 않는다고 하는 사람
을 믿을 이는 아무도 없다. 말은 그 사람의 생각과 마음을 그대로 담
는다. 말에 믿음이 없다는 것은 그 사람이 진실하지 않다는 뜻이다.
진실하지 않다면 아무리 많은 지식을 갖고 있다고 하더라도 제대로
배운 사람이라고 할 수 없다. 배움은 자신의 마음을 밝히기 위한 것
이지, 맹목적으로 지식을 쌓기 위함이 아니다.

허물을 고치는 용기를 가져라

過則勿憚改.
과 즉 물 탄 개

잘못이 있거든 두려워하지 말고 즉시 고쳐야 한다.

누구나 단점이나 허물이 있다. 그것 자체는 크게 문제 삼을 일이 아니다. 하지만 다른 사람이 허물을 알려주거나 자신의 잘못임이 명백히 드러났음에도 불구하고 그것을 인정하지 않는다면 문제가 있다.

자신의 허물을 인정하지 않는 그 순간, 성장의 기회는 사라진다. 있는 그대로의 모습을 바라보는 용기를 가져야 한다. 누군가가 잘못을 이야기해준다면 감사한 마음으로 겸허하게 인정하고 고치도록 노력해보자. 만약 그에게 오해가 있었다고 하더라도 자신을 돌아볼 수 있는 기회를 준 것을 고맙게 생각하자.

사람을 대하는 원칙

信近於義, 言可復也.
신 근 어 의   언 가 복 야
恭近於禮, 遠恥辱也, 因不失其親, 亦可宗也.
공 근 어 례   원 치 욕 야   인 불 실 기 친   역 가 종 야

사람과의 약속이 의에 가까우면 그 말을 실행할 수 있다.
사람을 대하는 공손함이 예에 가까우면 사람들에게 비웃음을 사는 치욕을
면할 수 있다. 주변 사람을 잃지 않는 사람이라야 존경할 만하다.

유자의 말이다.

사람을 대할 때 먼저 약속을 가볍지 않게 여겨야 한다. 약속은 의로움에 가까워야 하는데, 여기서 말하는 의로움이라는 것은 일의 당연함을 의미한다. 즉, 순리를 거스르지 않겠다는 것을 약속하는 것이다. 공손함 또한 예에서 벗어나서는 안 된다. 일반적인 상식을 벗어나는 공손함은 오히려 상대를 불편하게 하거나 다른 뜻을 품고 있지는 않은지 의심하게 할 수 있다.

가족이나 친구와 잘 지내고, 화목함을 잃지 않는 사람은 충분히 존경할 만하다. 아무리 뛰어난 사람이라도 주변 사람을 잃었다면 그 사람의 인성에 대해 다시 생각해봐야 한다.

배움은 자신을 바로잡는 것

君子, 食無求飽, 居無求安, 敏於事而愼於言,
군 자 식 무 구 포   거 무 구 안 민 어 사 이 신 어 언

就有道而正焉, 可謂好學也已.
취 유 도 이 정 언   가 위 호 학 야 이

군자는 먹는 데 배부름을 구하지 않고,

거주하는 데 편안함을 구하지 않는다.

하지만 일을 할 때는 민첩하게, 자신의 부족함을 채우기 위해 힘쓰고, 신중

하게 말하며, 학문이나 도덕이 자신보다 뛰어난 이에게 기꺼이 가르침을

받는다. 그런 사람이라야 진정 학문을 좋아하는 사람이라 할 수 있다.

사람이 살아가는 데는 물질적 풍요나 생활의 안정이 필요하다. 하
지만 그런 것에만 몰두하면 인간의 도리에 대해 깊이 궁리하고 실천
하기 어렵다. 진정한 배움은 사람답게 사는 것이 무엇인지 끊임없이
찾는 데 있다. 그러면 속세의 것을 좇는 데 모든 힘을 쏟지 않을 수
있다.

진정한 배움은 사람답게 산다는 것이 무엇인지 끊임없이 찾는 것
이다. 자신보다 뛰어난 사람에게는 기꺼이 가르침을 받고, 자신을 바
로잡는 태도를 지녀야 성장할 수 있다.

적극적인 태도를 가져라

子貢曰 : 貧而無諂, 富而無驕, 何如?
사공왈   빈이무첨   부이무교   하여

子曰 : 可也. 未若貧而樂, 富而好禮者也.
자왈   가야   미약빈이락   부이호례자야

자공 : 가난하더라도 아첨하지 않고, 부유하더라도 교만하지 않다면 어떻습
　　　니까?

공자 : 대체로 괜찮다. 하지만 가난하더라도 도를 구하는 것을 즐기고, 부유
　　　하더라도 예를 따르는 것을 좋아하는 것보다는 못하다.

공자의 제자 자공은 한때 가난했지만, 점차 부유해졌다. 그는 자신의 상황을 되짚어보며 가난해도 아첨하지 않고, 부유해도 교만하지 않다면 도덕적으로 훌륭한 사람이라고 할 수 있지 않은지 스승에게 물었다. 이에 공자는 물론 그런 사람은 훌륭하지만, 가난함 속에서도 도를 즐기고, 부유하면서도 예를 좋아하는, 좀 더 적극적인 자세가 낫다고 대답했다.

자신이 도덕적이라고 생각하는 그 순간, 교만함은 시작된다. 도덕적인 탁월함을 추구할 때는 한계를 정하지 말고, 더욱 그에 닿으려는 적극적인 자세가 필요하다.

오직 자신에게 충실하라

不患人之不己知, 患不知人也.
불환인지불기지　환부지인야

다른 사람이 나를 알아주지 않는 것을 근심하지 말고,
내가 남을 알지 못하는 것을 근심해야 한다.

남의 평가에 일희일비하는 사람은 행복한 삶을 살아갈 수 없다. 다른 사람이 나에 대해 하는 평가는 아무런 실체가 없는 연기와 같은 것이다. 남들이 아무리 나를 칭찬한들, 실제로 내가 그런 사람이 아니라면 아무런 소용이 없다. 그에 연연하다 보면 자신을 잃게 된다.

반대로 다른 사람이 아무리 나를 비난하더라도 내가 정말 그런 사람이 아니라면 상관없는 것이다. 오직 자신에게 있는 것을 구해야 똑바로 서서 살아갈 수 있다. 또한, 다른 사람을 제대로 알지 못하면 옳고 그름을 판단하는 일이 어려울 수 있다. 나 자신과 더불어 상대방도 잘 이해하도록 노력해야 한다.

學而時習之, 不亦說乎!
학 이 시 습 지　불 역 열 호

배우고 때에 맞게 그것을 행하면 기쁘지 않겠는가!

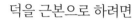

덕을 근본으로 하려면

위정 爲政

논어의 두 번째 편으로, 원문은 24장이다.
주로 덕을 닦는 것과 올바른 다스림을 위한
마음 자세를 다루고 있다.

덕이 근본이다

爲政以德, 譬如北辰居其所, 而衆星共之.
위 정 이 덕   비 여 북 신 거 기 소   이 중 성 공 지

다스림을 덕으로 한다는 것은,
비유하자면 북극성이 가만히 머물러 있어도 뭇별이 그 주위를 도는 것과
같다.

한 나라뿐만 아니라 가정, 직장 등 크고 작은 조직도 '덕(德)'을 근본
으로 다스리는 것이 가장 좋은 방법이다. 덕(德)은 누가 보아도 바람
직한 상태를 말한다. 리더의 위치에 있는 사람이 바람직한 상태가 아
니라면 그 누구도 따르지 않을 것이다. 어떤 조직이든 구심점이 되는
사람이 먼저 올바른 말과 행동을 하고 매사에 솔선수범해야 잘 운영
된다. 그래야 구성원들이 함께하고 싶어지는 것이다. 높은 자리에 있
는 사람이 권위로 누르려고 하거나, 욕심을 부린다면 사람들의 마음
을 하나로 모을 수 없다.

바른길로 이끄는 방법은 형벌이 아니다

道之以政, 齊之以刑, 民免而無恥.
도 지 이 정   제 지 이 형   민 면 이 무 치
道之以德, 齊之以禮, 有恥且格.
도 지 이 덕   제 지 이 례   유 치 차 격

법률로 이끌고 형벌로 규제하면, 백성들이 벌을 면하려고만 하지, 부끄러움
을 알지 못한다.
덕으로 이끌고 예로 규제하면, 백성들이 부끄러움을 알고 바르게 될 것이다.

　사람을 움직이는 힘은 내면의 깊은 곳에서 울리는 양심의 소리에
서 비롯한다. 당근과 채찍과 같은 동기부여 기술만으로는 한 사람의
진정한 변화를 이끌어낼 수 없다. 외부에서 주어지는 형벌만으로는
결코 사람을 올바르게 만들 수 없다. 벌을 받고 나면 그뿐이거나, 일
시적인 충격에 그치는 경우가 많다. 양심이라는 내면의 제어장치가
발동되어야 스스로 바르게 살아갈 수 있다. 고장 난 양심의 경보를
다시 울리게 해줄 수 있는 것이 바로 솔선수범하는 덕과 올바른 배움
이다.

일생 동안 덕의 수양에 힘써라

吾十有五而志于學, 三十而立, 四十而不惑,
오 십 유 오 이 지 우 학   삼 십 이 립   사 십 이 불 혹

五十而知天命, 六十而耳順, 七十而從心所欲不踰矩.
오 십 이 지 천 명   육 십 이 이 순   칠 십 이 종 심 소 욕 불 유 구

나는 15세에 인간의 도리를 배우는 것에 뜻을 두었고,

30세에 견해를 정립하여 스스로 바로 설 수 있었다.

40세에 마음속에 미혹이 없게 되었고,

50세에는 사람으로 태어나서 내가 해야 하는 일, 곧 천명을 알았으며,

60세에는 마음이 평온해져 상대의 입장에서 바라볼 수 있었고, 어떤 말이

든 귀에 거슬리지 않았다.

70세에 이르러 마음이 하고자 하는 바를 그대로 좇아도 인간의 도리를 넘

지 않았다.

나이가 듦에 따라, 수양이 깊어짐에 따라 덕이 높아지는 과정을 보

여주는 말이다. '몇 살에 어떤 경지에 올라야 한다'는 식으로 나이라는

숫자에만 집중하지 말고, 인간다움의 높은 경지에 이르면 어떤 모습

이 될 수 있는지 참고해보자. 궁극의 경지에 이르면 욕구의 수준도 함

께 높아진다. 원하는 대로 해도 인간다움의 법도에 어긋나지 않는다.

부모의 마음을 헤아려보라

父母唯其疾之憂
부 모 유 기 질 지 우

부모는 오직 자식이 병에 걸릴까 근심한다.

부모의 잔소리는 사랑의 표현이다. 관심이 없으면 잔소리도 없다. 부모가 자식에게 가장 바라는 것 중 하나는 아프지 않고 건강하게 지내는 것이다. 부모에게는 자식이 갓 태어났을 때나 60세가 넘었을 때나 똑같다. 사랑하기에 항상 염려하는 대상이다. 부모는 자식에게 끊임없이 몸을 챙기라고 한다. 자식 몸에 좋은 뭐라도 하나 더 먹이려 하고, 무리하면 몸이 상하지 않을까 걱정하는 부모의 그 마음을 헤아려보라. 그 사랑을 헤아리는 것에서부터 효가 시작된다.

내가 행복한 것이 최고의 효다

色難, 有事, 弟子服其勞, 有酒食, 先生饌,
색 난 유 사 제 자 복 기 로 유 주 식 선 생 찬
曾是以爲孝乎?
증 시 이 위 효 호

부모 앞에서 밝은 얼굴을 하는 것이 가장 어렵다.
어려운 일이 있을 때 자식이 부모 대신 힘쓰고, 술과 먹을 것을 부모님이 먼
저 드시게 하는 것만으로 효라고 할 수 있겠는가?

부모가 원하는 바는 자식에게 대접받는 것이 아니다. 자식이 겉으로 어려운 일을 대신해주고, 좋은 음식을 대접한다 하더라도 얼굴빛이 좋지 않으면 부모의 마음은 불편하다. 이 말을 온화한 얼굴로 부모를 기꺼이 모시라고 해석할 수 있다. 하지만 부모가 자식에게 진정 바라는 것을 생각해보면 기준점을 어디에 두어야 하는지 달리 생각할 수 있다.

모든 부모는 자식이 자신의 삶을 만족하면서 행복하게 살기 바란다. 부모가 진정으로 원하는 것은 자식의 행복이다. 나의 행복이 부모에게 가장 큰 효도다.

남을 가르칠 수 있는 사람은

溫故而知新, 可以爲師矣.
온 고 이 지 신　가 이 위 사 의

과거에 배운 것을 익히고 새로운 도리를 깨달아야 곧 스승이 될 수 있다.

　공부는 배운 것을 앵무새처럼 줄줄 외우는 것이 아니다. 그것은 기계도 할 수 있다. 그렇다면 진정한 공부는 무엇인가? 진정한 공부는 지식을 오롯이 자신의 것으로 소화해서 자기 언어로 표현할 줄 아는 것이다. 알고 있는 것을 연결하고, 실천하고, 새로운 것을 만들어내는 것이 공부다. 이미 배운 것에만 매몰되어서도 안 된다. 언제나 새로운 것을 기꺼이 받아들이려는 열린 마음, 말랑말랑한 두뇌가 필요하다. 그런 배움의 자세를 가진 사람이 남을 가르칠 자격이 있다.

사람이 지닌 그릇의 크기는
그 자신에게 달렸다

君子不器.
군 자 불 기

군자는 용도가 제한적인 그릇이 되어서는 안 된다.

그릇은 모양과 크기, 용도가 정해져 있다. 변화의 가능성이 없는 물건이다. 하지만 사람은 언제나 변화와 성장의 가능성을 갖고 있다. '나는 이런 사람이야'라고 생각하면 딱 그 생각만큼의 사람이 된다. 어릴 때부터 발이 묶여 지낸 코끼리는 아무리 용을 써도 도망갈 수 없다고 스스로 한계선을 그어버린다. 그 결과, 어른 코끼리가 되어 충분히 힘이 강해졌을 때도, 가느다란 줄로 발을 묶어두어도 자유롭게 돌아다니려는 생각 자체를 하지 못한다. 자신의 한계를 설정하지 마라. 그 순간 모든 가능성은 현실이 되지 못하고 사장되어 버린다.

행동을 먼저하고 말을 나중에 하라

先行其言, 而後從之.
선 행 기 언   이 후 종 지

말하려고 하는 것을 먼저 실행하고, 그 뒤에 그 말을 하라.

자공이 공자에게 어떤 사람이 군자인지 물었다. 공자는 먼저 실행하고 나서 말하는 사람이 군자라고 대답했다. 말만 많은 사람을 보면 믿음이 가지 않는다. 빈 수레가 요란한 법이다. 실제로 행동은 하지 않으면서 말만 앞세우는 사람은 실속이 없다. '진짜'는 말이 많지 않다. '나는 이런 사람이다' 하며 주저리주저리 말을 늘어놓지 않고 행동으로 자신을 증명한다. 말하는 것은 어렵지 않다. 실행하는 것이 어렵다. 말은 누구나 할 수 있지만, 정말로 해내는 사람은 드물다.

의리를 바탕으로 어울려라

君子, 周而不比, 小人, 比而不周.
군자 주이불비 소인 비이불주

군자는 의리를 바탕으로 두루 어울리지만, 소인은 이익을 생각하며 한쪽에
치우친다.

　사람과 사귈 때 이익을 우선하면 관계가 오래가지 못한다. 상대를
통해 얻을 수 있는 이익이 사라지면 그 관계도 흐지부지되기 때문이
다. 이익이 아닌 의리를 바탕으로 사람을 사귀고, 마음으로 친밀함을
더한다면 건강한 관계를 유지할 수 있다. 아무 때나 편하게 연락하는
친구처럼 많은 사람과 두루 가깝게 지낼 수 있다. 하지만 권력이나
사회적인 신분, 주변의 상황, 이익 등을 염두에 둔 관계는 진정성이
없다. 겉으로는 가깝게 지내는 것처럼 보이지만, 환경이 조금만 변해
도 소원해질 수 있다.

배움과 사색의 균형을 잡아라

學而不思則罔, 思而不學則殆.
학 이 불 사 즉 망   사 이 불 학 즉 태

배우기만 하고 생각하지 않으면 얻는 것이 없고, 생각하기만 하고 배우지
않으면 위태롭다.

외부의 것을 배우지 않으면 얻는 것이 없고 우물 안 개구리가 될
뿐이다. 그렇다고 남이 생각한 것을 그대로 받아들이기만 하고 스스
로 생각하지 않으면 내 것이 되지 않는다. 앵무새처럼 남의 지식을
자기 입으로 이야기한다고 하더라도 자기 것이 아니다. 알고 있지만
아는 것이 아닌, 위태롭고 불안한 지식이다. 배운 것을 따져서 묻고,
깊이 생각하고, 잘 분별해서 실천하는 것이 진정한 배움의 모습이다.
밖에서 배우고 안에서 사색하는 것 사이에서 균형을 잘 잡아야 한다.

열린 마음으로 다양한 관점을 가져라

攻乎異端, 斯害也已.
공 호 이 단   사 해 야 이

한 면만이 옳다고 생각해 다른 면을 공격하는 것은 해가 된다.

선글라스를 끼고 바라보면 세상이 모두 어두워 보인다. 우리가 어떤 관점, 기준을 갖고 있느냐에 따라 볼 수 있는 것이 달라진다. 어떤 사물이나 사건을 볼 때 한 면만 보아선 안 된다. 열린 마음으로 다양한 측면에서 보아야 제대로 판단할 수 있다.

모든 것은 상대적이다. 절대적일 수가 없다. 내 관점, 내 생각만 옳다고 주장하면 나와 다른 관점과 생각을 가진 사람은 모두 적이 되어 버린다. 사람을 이해하는 사람이 되려면 다른 사람의 관점이나 의견을 공격하는 데 힘쓰지 말고, 그 사람의 시각에서 바라보려 노력해야 한다.

아는 것만 안다 하고
모르는 것은 모른다 하라

知之爲知之, 不知爲不知, 是知也.
지 지 위 지 지   부 지 위 부 지   시 지 야

아는 것만을 안다고 하고, 모르는 것을 모른다고 하는 것, 이것이 아는 것이다.

아는 척, 모르는 척, 아픈 척 등 '척하는 것'은 꾸미는 것이다. 꾸미는 것은 엄연히 말하자면 거짓이다. 진짜가 아닌 가짜다. 실상이 아니라 허상이다. 거짓을 말하고 행하는 것에는 목적이 있다. '무지를 들키고 싶지 않다', '미움받고 싶지 않다', '관심받고 싶다'와 같은 동기가 있다. 그런데 이런 동기의 공통점이 바로 '두려움'이다. 두려움을 이겨낼 때 우리는 척하지 않고 당당하게 살아갈 수 있다. 모르는 것을 안다고 하는 것은 자기기만이다. 자기를 기만하는 것도 자주 하면 습관이 된다. 언제나 당당하도록 솔직해지자.

말과 행동에 후회가 없으려면

多聞闕疑, 愼言其餘, 則寡尤.
다 문 궐 의   신 언 기 여   즉 과 우

多見闕殆, 愼行其餘, 則寡悔,
다 견 궐 태   신 행 기 여   즉 과 회

여러 사람의 의견을 많이 듣되, 의문이 생기는 것은 제쳐두고 확실한 것만
신중하게 말하라. 그렇게 하면 곧 허물을 줄일 수 있다.
다방면으로 많이 보되, 위태로운 것은 제쳐두고 나머지를 신중하게 행하라.
그렇게 하면 곧 후회를 줄일 수 있다.

 말과 행동이 가벼우면 후회할 일이 생긴다. 말을 하기 전에 우선
다양한 의견을 충분히 들어야 한다. 그리고 그중에서 의심이 생기는
것, 애매한 것에 대해서는 아예 말하지 않는 것이 좋다. 의문이 있는
것은 그 의문이 풀리면 이야기하라. 그 전에는 함부로 입 밖에 내어
서는 안 된다. 애매한 것에 대해서도 침묵이 옳다.

 행동하기 전에도 다방면으로 많이 살펴본 뒤에 해야 한다. 마음속
에서 불안한 것, 불편한 것은 하지 말아야 한다. 어느 정도의 확신이
들지 않는 행동은 하지 않아야 후회가 적다. 말과 행동에 실수가 잦
으면 돈, 지위, 명예뿐만 아니라 가족과 친구까지도 잃을 수 있다.

리더의 가장 중요한 자질은 정직이다

擧直錯諸枉, 則民服, 擧枉錯諸直, 則民不服.
거 직 조 저 왕 즉 민 복 거 왕 조 저 직 즉 민 불 복

정직한 사람을 등용하여 부정직한 사람보다 높은 자리에 두면 사람들이 따른다.
부정직한 사람을 등용하여 정직한 사람보다 높은 자리에 두면 사람들은 따르지 않을 것이다.

리더의 자질은 무엇일까? 물론 도덕적으로나 능력 면에서나 모두 뛰어난 것이 가장 좋겠지만, 사람들이 좀 더 중요하게 생각하는 것은 높은 도덕성이다. 리더가 아무리 능력이 뛰어나다고 하더라도 정직하지 않다면, 사람들은 자발적으로 따르지 않는다. 반면, 능력이 조금 부족하더라도 도덕적으로 훌륭한 사람은 따르고 싶어 한다.

사람들은 자신보다 높은 위치에 있는 사람이라면 자신보다 더 도덕적이기를 은연중에 바란다. 가정에서도 마찬가지다. 능력은 부족하지만 도덕적인 가장은 가족에게 어떤 식으로라도 지지받을 수 있지만, 부도덕한 가장은 아무리 돈을 많이 벌어와도 용서받지 못한다.

사람에게 가장 중요한 것은 신뢰다

人而無信, 不知其可也.
인 이 무 신   부 지 기 가 야

사람으로서 신뢰가 없으면, 무엇을 할 수 있겠는가.

'그 사람이 한 것이라면 믿을 만하다'라는 평을 듣는 사람과 '그 사람이 했다면 다시 한 번 잘 들여다봐야 한다'는 평을 듣는 사람의 차이는 너무나도 크다. 어릴 때는 사람 사이에 얼마만큼 커다란 차이가 있는지 알기 어렵다. 무엇이든 될 수 있는 무한한 가능성이 있기 때문이다. 사람은 자라면서 어떤 말과 행동을 하고, 사람들과 어떻게 신뢰를 쌓아가느냐에 따라 이전의 가능성이 현실이 될지, 그저 가능성에 그칠지 결과가 달라진다. 신뢰라는 것은 말한 바를 반드시 실천하는 것이다. 헛된 말과 행동을 하지 않고 성실한 것을 가리킨다.

아는 것을 실천하는 것이 용기다

見義不爲, 無勇也.
견 의 불 위 무 용 야

마땅히 해야 할 일을 보고도 하지 않는 것은 용기가 없는 것이다.

어떤 사람을 위인이라고 하는가? 새로운 것을 발명해 인류에게 편의를 줬거나, 자기 분야에서 뛰어난 업적을 이룬 사람을 위인이라고 할 수 있을 것이다. 하지만 진정 위대한 사람은 자신이 아는 것을 실천하는 사람, 인간이라면 해야 할 일을 외면하지 않고 실천하는 사람이다.

아는 것을 그대로 실천하는 것이 용기다. 용기란 두려움이 없는 것이 아니라 두려움에도 불구하고 해야 할 일을 하는 것이다. 용기는 말이 아닌 행동으로 증명된다. 행동으로 인간다움을 증명해낸 사람이야말로 진정 용기 있는 사람이고, 위인이다.

예의 본질을 알려면

팔일 八佾

논어의 세 번째 편으로, 원문은 26장이다.
'팔일(八佾)'은 천자의 예악으로,
주나라 천자가 제사 지낼 때 추는 춤이다.
노나라 일개 대부가 자기 집 제사에서
팔일무를 추게 하는 것을 본 공자가
예절과 법도가 무너진 사회상을 개탄하는 것을 시작으로,
주로 예와 악에 관한 내용을 다루고 있다.

겉치레보다 마음이 우선이다

人而不仁, 如禮何? 人而不仁, 如樂何?
인 이 불 인   여 례 하   인 이 불 인   여 악 하

사람으로서 인덕이 없으면서 어찌 예를 행할 수 있겠는가?
사람으로서 인덕이 없으면서 어찌 음악을 연주할 수 있겠는가?

마음이 없는 예는 겉치레다. 예의 본질은 마음이다. 예는 사람들 사이의 마음을 표현하기 위해 생겨난 것이다. 마음도 없는데 예의를 차리기 위해 마지못해 행하는 것은 예의 정신에 어긋난다. 사람들은 서로 만나는 것이 반가워 인사를 하거나, 절을 하거나, 포옹을 한다. 가까운 사람을 죽음으로 다시 보지 못하는 것이 아쉬워 그를 기리는 추도사를 읽거나, 곡을 하거나, 축제를 벌이기도 한다. 각 문화권에서 실천하는 예의 겉모습은 다양하지만, 그 본질은 같다.

예와 악은 함께 한다. 의식에서 음악은 필수적이며, 예와 마찬가지로 사람의 마음을 가락에 담아 표현한 것이다. 겉모습에만 빠지지 말고 항상 본질을 보려고 노력하면 예와 악을 강조한 공자의 마음을 조금 더 깊이 이해할 수 있다.

예의 형식보다는 본질이 중요하다

禮, 與其奢也, 寧儉, 喪, 與其易也, 寧戚.
예 여기사야   영검   상   여기이야   영척

예는 사치한 것보다는 검소한 것이 낫고, 장례는 형식에 치우치는 것보다는
슬퍼하는 것이 낫다.

　　보통 예라고 하면 겉으로만 번잡한 형식을 떠올리기 마련이다. 하
지만 예의 근본은 겉으로 꾸미는 것에 있지 않다. 형식만 중요하게 여
기고 근본이 되는 마음을 잃으면 안 된다. 반대로 마음만 중요하게 생
각하면서 형식을 무시해도 반쪽짜리다. 예는 겉과 속, 형식과 본질 사
이에서 중용을 잡아야 한다. 군이 따지자면 형식보다는 본질이 더 중
요하다. 마음이 부족한데 겉으로는 화려한 예를 갖추는 것보다는, 겉
으로는 조금 부족하더라도 마음 바탕이 진실한 것이 더 귀한 것이다.

흰 바탕이 있어야 그림을 그릴 수 있다

繪事後素. 禮後也*.
회 사 후 소 　 예 후 야

흰 바탕이 있어야 비로소 그림을 그릴 수 있다. 예가 마음의 뒤에 오는 것이다.

그림을 그리고 색을 입히려면 흰 바탕이 있어야 한다. 마찬가지로 사람 사이의 관계에 예라는 색을 칠하기 위해서는 그에 합당한 바탕이 필요하다. 그 바탕이 바로 진실한 마음이다. 이것이 근본이다. 진실한 마음이 없는 예는 공허하다. 부모를 모실 때 마음으로 기뻐하지 않거나, 오랜만에 만난 어르신께 인사를 드릴 때 정말 반가워하지 않으면 아무리 예의를 갖추려고 해도 그 마음이 겉으로 드러날 수밖에 없다. 흰 바탕에 아름다운 색을 칠해 멋진 그림을 그릴 수 있듯이, 진실한 마음을 적절한 예로 표현하면 사람 사이에서 꽃을 피울 수 있다.

*원문은 자하와 공자 사이의 대화로 공자가 '繪事後素(흰 바탕이 있어야 비로소 그림을 그릴 수 있다)' 라 말하고, 자하가 '禮後乎?(예가 뒤에 오는 것입니까?)'라고 묻는다. 이에 공자가 크게 기뻐한다.

순리를 거슬러 죄를 짓지 말라

獲罪於天, 無所禱也.
획 죄 어 천   무 소 도 야

하늘에 죄를 지으면 기도할 데가 없다.

위나라 대부 왕손가라는 자가 공자에게 미끼를 던졌다. 왕이 물론 권력이 있지만, 실권은 자신에게 있으니 자신에게 잘 보이라는 것이었다. 이 말에 공자가 답한 말이다.

이익을 위해 한 나라의 왕을 제쳐두고 권력을 가진 신하에게 아첨하는 것은 순리를 거스르는 일이다. 이치에 어긋나는 마음을 품고 행동하는 것, 그것이 바로 하늘에 죄를 짓는 것이다. 이렇게 죄를 지으면 어디 가서 빈다고 없어지지 않는다. 죄를 지으면 지은 만큼 자신에게 돌아온다. 그중 가장 무거운 것은 양심의 가책일 것이다.

승부를 겨룰 때도 예의가 있어야 한다

射不主皮, 爲力不同科.
사 부 주 피 위 력 부 동 과

고대의 활 쏘는 시합에서는 과녁을 뚫는 것을 주된 목적으로 하지 않았다.
왜냐하면 각자 힘이 다르기 때문이다.

호메로스의 《일리아스》에는 그리스의 전사 아킬레우스와 트로이의 왕자 헥토르의 대결 장면이 나온다. 대결 끝에 아킬레우스가 승리를 거머쥐고, 그는 쓰러진 헥토르의 갑옷을 벗긴 뒤 전차에 매달아 트로이 성 주위를 몇 바퀴 돈다. 그 소식을 들은 트로이 백성들의 절망감은 얼마나 컸을까?

승부가 났다면 예의를 지켜야 한다. 승리한 자는 더 이상 상대를 모욕하거나 자신의 힘을 과시하지 말아야 한다. 유치한 짓이다. 활쏘기 시합에서는 점수로 승부를 내면 된다. 과녁을 뚫어버리는 것은 유치한 힘자랑일 뿐 상대에 대한 예의가 아니다.

윗사람과 아랫사람이
서로 예를 다해야 한다

君使臣以禮, 臣事君以忠.
군 사 신 이 례 신 사 군 이 충

군주는 신하를 예로써 부리고, 신하는 군주를 충심으로 섬겨야 한다.

　군신 관계뿐만 아니라 사람 사이의 모든 관계는 '예(禮)'가 기본이다. 이는 아랫사람이 윗사람에 대해서만 지켜야 하는 것이 아니다. 서로 지켜야 한다. 어떤 관계에서든 서로 예의를 지키고 책임을 다해야 한다.

　가까운 사이일수록 예를 다하지 않을 수 있다. 이런 태도는 경계해야 한다. 가족이나 연인처럼 친밀한 사이일수록 지켜야 하는 것에 대해서 더 잘 지켜야 한다. 상대가 자신을 무례하게 대할 때는 화를 내거나 근심할 것이 아니라, 내가 상대를 대할 때 어떻게 했는가를 되돌아보자. 자신이 먼저 '예(禮)'에 어긋나는 언행을 하지는 않았는지, 마음을 다하지 않았는지 살펴보아야 한다.

지나간 허물을 지나치게 나무라지 마라

成事不說, 遂事不諫, 旣往不咎.
성 사 불 설   수 사 불 간   기 왕 불 구

이루어진 일은 다시 시비하지 않겠다.
되어버린 일은 고치라 하지 않겠다.
이미 지난 일은 소급하여 나무라지 않겠다.

노나라 애공이 공자의 제자, 재아에게 제사와 관련해 물었는데 재아가 잘못 대답했다. 이 일에 대해 들은 공자가 조용히 타이른 말이다.

이미 지난 일에 대해 고치라고 하고 호통을 쳐봐야 바뀌는 것은 없다. 과거의 잘못에서는 교훈을 얻어 새기고, 다시 똑같은 잘못을 반복하지 않으면 된다. 그것이 과거를 대하는 태도다. 과거의 잘못을 곱씹으면서 이불킥하며 후회해도 이미 지난 일을 바꿀 수 없다. 허물이 있더라도 그것을 뉘우치고 자신의 성장을 위한 밑거름으로 쓰는 것이 현명하다.

너그러움과 예의를 갖춰라

居上不寬, 爲禮不敬, 臨喪不哀, 吾何以觀之哉!
거 상 불 관   위 례 불 경   임 상 불 애   오 하 이 관 지 재

윗자리에 있으면서 관대하지 않고,

예를 행함에 공경이 없고,

상을 당해도 슬퍼하지 않는다면,

내가 어찌 그 사람의 인간됨을 관찰할 수 있겠는가?

기본이 된 사람, 근본이 바르게 선 사람이 윗자리에 갈 수 있다. 윗사람이 너그러움이 없으면 아랫사람의 존경을 받을 수 없다. 겉치레에만 치중하고 상대를 공경하는 마음이 없다면 그것은 올바른 예를 행하는 것과는 거리가 멀다.

특정한 문화적인 틀이나 편견 속에 자신을 가두어버리라는 말이 아니다. 다른 사람들을 이끌어가는 위치에 있는 사람은 일반적으로 인정하는 상식을 받아들이면서 사람들을 아우를 수 있어야 한다.

생각과 처신을 가다듬으려면

이인 里仁

논어의 네 번째 편으로, 원문은 26장이다.
배우는 자가 가져야 할 생각과
처신에 대해 이야기한다.

좋은 이웃이 있는 곳에서 살아라

里仁爲美, 擇不處仁, 焉得知.
이 인 위 미 택 불 처 인 언 득 지

사는 곳에 어진 풍속이 있어야 좋은 것이다.
어진 풍속이 없는 곳을 선택하여 산다면 어찌 지혜롭다고 할 수 있겠는가?

좋은 이웃들이 사는 곳이 가장 살기 좋은 법이다. 학군이 좋고, 교통이 편리하고, 집값이 상한가에 있는 지역에 산다고 하더라도 층간 소음으로 이웃과 자주 다투거나, 급한 일이 있을 때 아이를 맡길 만한 이웃이 없다면 그곳을 살기 좋은 곳이라 할 수 있을까? 사는 곳이 불편하면 마음의 평정 또한 잃기 쉽다. 마음이 편안해야 일에 집중할 수 있고, 가족과도 화목하며, 모든 일이 잘 풀린다. 사는 곳을 선택할 때 다른 조건보다는 사람을 잘 살펴야 한다.

바깥 사물에 마음을 빼앗기지 마라

不仁者不可以久處約, 不可以長處樂.
불인자불가이구처약 불가이장처락

인덕을 갖추지 못한 사람은 궁핍한 환경에 오랫동안 머물 수 없고,
안락함에도 오랫동안 머물지 못한다.

인덕을 갖추지 못한 어리석은 사람은 외부의 환경이나 사물에 쉽게 마음을 빼앗긴다. 이런 사람은 오랫동안 곤궁하면 쉽게 예의를 잃거나 자신의 욕심만을 채우려 한다. 제2차 세계 대전 당시 독일군에게 끌려간 유대인들은 비참하게 죽어갔다. 아우슈비츠 수용소에서 가장 끔찍한 부류는 자신의 안위를 위해 같은 유대인들을 핍박한 사람들이었다.

인덕이 없는 사람은 즐거움 속에서든 안락함 속에서든 타락한다. 쉽게 쾌락에 빠지거나 자극적인 것을 찾으며 인생을 허비한다. 지혜로운 사람은 바깥의 사물에 마음을 빼앗기지 않는다. 괴로움을 참아내고, 즐거움 속에서도 자신을 잃지 않는다.

사심이 없어야 올바로 판단할 수 있다

惟仁者, 能好人, 能惡人.
유인자 능호인 능오인

오직 인덕이 있는 사람만이 좋아할 만한 사람을 좋아하고
미워할 만한 사람을 미워할 수 있다.

사심이 있으면 편견을 갖고 사람을 판단하기 쉽다. 누군가를 좋아하거나 싫어하는 것은 공정한 기준에서 비롯된 것이 아니기에, 그 판단이 사람들의 지지를 받을 수 없다. 촌지를 받은 선생님은 특정한 아이를 편애하기 마련이다. 공정성을 잃는다. 공정함을 잃는 것은 어딘가 마음이 매어 있고 그것을 이겨내지 못하기 때문이다.

오직 심성이 곧은 사람이라야 사심이나 편견 없이 누구나 좋아할 만한 사람을 좋아하고, 누구나 미워할 만한 사람을 미워한다. 여기서 사람을 미워하는 것 자체는 나쁜 것이 아니다. 사람답지 못한 행동을 하는 사람의 행동을 미워하는 것은 공정하다.

오직 마음을 선하게 가져라

苟志於仁矣, 無惡也.
구 지 어 인 의   무 악 야

진실로 인덕에 뜻을 두고 실천한다면, 나쁜 생각과 행동은 사라진다.

어떻게 사는 것이 잘사는 것일까? 티끌만큼의 허물이나 잘못 없이
살아가는 것은 불가능한 일이다. 하지만 '태교하듯' 살아가면 잘못을
덜 하지 않을까? 순백의 새 생명이 내 속에 있다고 생각해보자. 나쁜
생각을 하지 말고, 나쁜 것을 보지 말고, 나쁜 말과 행동을 하지 마라.
좋은 것만 생각하고 선한 마음을 가지려 하면, 나쁜 생각이나 행동은
자연스럽게 사라질 것이다. 사람은 자주 보고 듣는 것에 영향을 받아
물들어가기 마련이다. 선한 것에 마음을 주고 본성적으로 좋지 않다
고 느껴지는 것을 멀리해보자.

정당하게 얻은 부와 명예를 누려라

富與貴, 是人之所欲也, 不以其道得之, 不處也.
부 여 귀　시 인 지 소 욕 야　불 이 기 도 득 지　불 처 야

부와 귀는 사람이 모두 바라는 것이다. 하지만 마땅히 얻지 말아야 할 것을
얻었다면 그 부귀는 누리지 말아야 한다.

　부유함과 몸이 귀하게 되는 것을 마다할 사람은 없다. 하지만 그
것을 정당한 방법으로 얻은 것이 아니라면 자기 것이 아니다. 놓아버
려야 한다. 대다수의 사람들은 부유함과 명예를 얻기 위해 열심히 노
력하며 살아간다. 하지만 모두가 부귀를 얻는 데 성공하는 것은 아니
다. 그래서 부귀를 얻은 사람에게는 필연적으로 시기와 질투가 따라
온다.

　부귀를 얻고 누리는 것을 인정받기 위해서는 몇 가지 조건이 있다.
이를테면 스스로의 힘으로 노력해야 한다는 것, 부정한 방법을 쓰지
않아야 한다는 것, 부와 명예에 걸맞은 '사람'이 되어야 한다는 것이
다. 정당하게 얻은 부와 명예는 누리되 사회에 환원하는 등의 격에
맞는 행동도 필요하다.

노력하면 누구나 성인군자가 될 수 있다

有能一日用其力於仁矣乎?
유 능 일 일 용 기 력 어 인 의 호

我未見力不足者.
아 미 견 력 부 족 자

하루라도 그 힘을 인의 실천에 쓰는 자가 있는가?
나는 인을 실천하는 데 힘이 부족한 사람을 보지 못했다.

지금 자신이 어떤 모습이라고 하더라도 도덕적인 사람이 되는 것, 인격을 수양하는 것을 포기하지 않아야 한다. 돌이킬 수 없는 범죄를 저질렀거나 양심에 어긋나는 행동을 많이 했다고 하더라도 마찬가지다. 인간다운 삶의 길을 제시한 성인들과 똑같이 되기는 힘들더라도 그 길을 따라가다 보면 바뀔 수 있다.

앞으로 수천 년의 시간이 지나더라도 인간이 지닌 근본적인 문제는 변하지 않는다. 정말 중요한 일에 힘쓰는 것이 현명하다. 하다가 도중에 그만두고, 스스로 한계를 짓기 때문에 인(仁)의 실천이 어려운 것이지, 결코 능력이 부족한 것이 아니다.

진리를 추구하는 삶을 살아라

朝聞道, 夕死, 可矣.
조 문 도   석 사   가 의

아침에 삶의 도리를 들어 깨달으면 저녁에 죽어도 괜찮다.

'聞'은 단순히 '듣는다'는 뜻이라기보다는 '들어서 깨닫는다'는 의미로 해석하는 것이 적절하다. 공자가 살던 옛 시대나 지금이나, 다수는 진리에 크게 관심이 없다. 자신의 몸과 생각에 갇혀 사는 경우가 대부분이다. 몸을 유지하기 위해서 생존에 집착하고, 당장 자신에게 이익이 되는 것이 아니면 들여다보려 하지 않는 것이 대다수 인간의 삶이다. 그만큼 우주와 인간에 대한 이치나 진리를 추구하는 사람이 드물다. 공자는 아침에 삶의 도리를 듣고 깨우친다면 저녁에 죽어도 괜찮다는, 다소 강한 표현을 통해 진리를 추구하는 자세의 소중함을 강조했다.

나쁜 옷과 음식을 부끄러워하지 말라

士志於道, 而恥惡衣惡食者, 未足與議也.
사 지 어 도   이 치 악 의 악 식 자   미 족 여 의 야

배우는 자가 삶의 도리에 뜻을 두고도 나쁜 옷과 음식을 부끄러워한다면,
그와 더불어 진리를 논할 가치가 없다.

    삶의 이치를 깨우치는 데 힘쓰는 사람이라면 자신의 마음, 말과 행동이 양심에 어긋나는 경우에만 수치심을 느껴야 한다. 허상에 불과한 겉모습이 남의 눈에 어떻게 비칠까 전전긍긍하고, 스스로 부끄러워한다면, 말로만 도를 구한다고 하는 것에 불과할 뿐이다. 그런 사람은 진정한 배움의 자세를 갖췄다고 할 수 없다. 진짜 공부를 하는 사람들은 소탈하다. 남의 눈보다 양심의 눈에 더 주의를 기울인다. 무엇이 정말 부끄러운 것인지 아는 사람이 진정한 군자라 할 수 있다.

정의와 양심을 기준으로 삼아라

君子之於天下也, 無適也, 無莫也, 義之與比.
군 자 지 어 천 하 야　 무 적 야　 무 막 야　 의 지 어 비

군자는 세상일에 대해 '반드시 이렇다, 저렇다' 하지 않는다.
오직 의, 합리적인 원칙에 비교할 뿐이다.

큰 목소리와 강한 어조로 상대편을 비난하면서 자신이 맞다고 하는 주장을 가만히 들어보면 그 근거나 기준이 이익이나 욕심인 경우가 많다. 이익과 욕심에서 비롯한 주장일수록 그 목소리가 크고 힘이 세다. 상대를 이겨야 더 많은 이익을 챙길 수 있기 때문이다. 정의와 양심을 기준으로 판단하는 사람은 이익을 논하는 대부분의 세상일에 대해 초연하다. 꼭 이것이 맞고 저것이 맞다 할 이유가 없는 것이다. 기준이 다르기 때문이다. 하지만 군자는 의롭지 않은 일에 대해서는 오히려 더 단호하다.

어떤 가치관을 가질 것인가?

君子懷德, 小人懷土, 君子懷刑, 小人懷惠.
군 자 회 덕   소 인 회 토   군 자 회 형   소 인 회 혜

군자는 덕을 중요하게 생각하고, 소인은 편안함을 중요하게 생각한다.
군자는 법과 양심을 두려워하여 지키려 하지만, 소인은 사사로운 은혜와
이익을 생각한다.

사람은 자신만의 가치관에 따라 살고, 가치관에 따라 죽는다. 어떤
가치관을 가졌는가에 따라 삶의 드라마가 달리 펼쳐진다. 가치관이
한 사람의 운명이자, 모든 것이라고도 할 수 있다. 어떤 가치관을 가
질 것인가? 공자는 《논어》 전편에서 이익과 편안함 그리고 의리와 양
심을 대결구도로 놓고 반복해서 다룬다. 올바른 사람이 되기 위해서
는 의리와 양심을 지키려 노력해야 한다. 편안함이나 이익도 물론 필
요하다. 하지만 그것은 살아가기 위한 수단일 뿐이다. 인간이 추구해
야 할 궁극적인 가치는 아니다. 올바른 삶을 원한다면 성인들이 추구
한 가치관에 대해 공부하자.

이익만을 좇지 말라

放於利而行, 多怨.
방 어 리 이 행   다 원

자기의 이익만을 추구하면 원망을 많이 산다.

이익의 세계는 본질적으로 한쪽의 이익과 다른 쪽의 손실을 합하면 0이 되는, 제로섬게임과 같다. 내가 많이 얻으면 다른 사람은 적게 얻거나 전부를 잃는다. 본질적으로 이기적인 행위인 것이다. 때문에 다른 가치와 충돌이 일어날 가능성이 크다.

그래서 이익'만'을 추구하면 다른 사람의 원망을 살 수밖에 없다. 부자가 천국에 가는 것이 낙타가 바늘구멍에 들어가는 일보다 어려운 이유가 있다. 이익을 좇는 것은 생존을 위해 당연히 해야 할 행위다. 하지만 이익'만'을 따라가지 않고 인간다운 덕성, 즉 정의, 도덕, 양심을 따르는 것이 원망이 적다.

걱정할 시간에 노력하라

不患無位, 患所以立,
불 환 무 위　환 소 이 립
不患莫己知, 求爲可知也.
불 환 막 기 지　구 위 가 지 아

지위가 없음을 걱정하지 말고,
그 지위에 오를 만한 자격을 갖추었는지를 걱정하라.
자기를 알아주지 않는 것을 걱정하지 말고,
남이 알아줄 만한 수준이 되도록 노력하라.

　기회는 자격이나 실력을 갖췄을 때 찾아온다. 기회는 항상 우리에게 다가올 준비를 하고 있다. 자신의 역량이 수준 미달일 때는 기회가 찾아와도 어찌할 바를 모르고 놓치기 마련이다. 다른 사람이 자신을 제대로 알아주지 않는다고 걱정하고 한탄할 시간에 실력을 키우는 것이 낫다. 비단 학문뿐만 아니라 성공을 원하는 분야에서 자신에게 무엇이 부족한지, 자기 수준이 어느 정도인지 냉철하게 판단해보자. 그리고 원하는 모습이 될 만한 자격을 갖추도록 노력하자. 공자도 끊임없이 공부했다.

자기를 대하듯 다른 사람을 대하라

子曰 : 吾道, 一以貫之.
자 왈   오 도   일 이 관 지
曾子曰 : 夫子之道, 忠恕而已矣.
증 자 왈   부 자 지 도   충 서 이 이 의

공자 : 나의 도는 한 가지 이치로 모든 것을 꿰뚫는다.

증자 : 선생님의 도는 충과 서일 뿐이다.

공자가 어린 제자인 증자에게 자신의 도가 하나의 이치로 모든 것을 꿰뚫고 있다고 말한다. 이 말을 들은 증자는 그것이 충(忠)과 서(恕)임을 깨달았다. 공자가 말하는 인간의 도리는 인(仁)이다. 인이란 다른 말로 충서다. 충서란 '자기의 마음과 뜻을 다하여 다른 사람을 자신과 같이 대하는 것'이다. 자기가 하고 싶은 것, 좋은 것은 남에게 권하고, 자기가 하기 싫은 것, 나쁜 것은 다른 사람에게 강제하지 않는 것이다. 그리고 자신의 처지를 미루어 보아 다른 사람의 상황을 이해하는 것이다. 이렇게 적극적인 이해와 공감, 남이 잘되게끔 해주는 그 마음이 바로 공자가 말하는 인간의 도리다.

군자와 소인의 구별

君子喩於義, 小人喩於利.
군 자 유 어 의   소 인 유 어 리

군자는 도의에 밝다. 소인은 오직 사리에만 밝다.

군자는 도의에 밝다. 어떤 행동을 할 때 그것이 이치에 합당한지, 양심에 어긋나지 않는지 생각한다. 반면 소인은 아는 것이 사리뿐이기에, 어떤 상황 속에서 판단을 해야 할 때 그 기준이 이익에 있다. 옳고 그름이 아니라 이익이 되는지, 그렇지 않은지만을 따지는 것이다.

그렇다고 이익을 얻으려는 태도가 나쁜 것은 아니다. 이익을 추구하는 것은 삶을 유지하기 위해 꼭 필요하다. 하늘만 쳐다보고 걷다가는 돌부리에 걸려 넘어질 수 있다. 도의와 이익에 대해 모두 잘 알되, 한쪽에만 치우치지 않고 둘 다 적절히 추구해야 한다. 하지만 어떤 행동의 판단 기준으로는 도의를 앞세우는 것이 현명한 길이다.

다른 사람은 나의 거울이다

見賢思齊焉, 見不賢而內自省也.
견 현 사 제 언   견 불 현 이 내 자 성 야

현명하고 어진 사람을 보면 그를 본받아야 하고,
그렇지 못한 사람을 보면 자신에게도 그런 잘못이 있는지 반성해보아야
한다.

남을 부러워하는 마음에 비난하는 것은 어리석은 일이다. 부러워
할 만한 사람이 있다면 그를 본받아 자신 또한 그런 사람이 되도록 노
력하면 된다. 굳이 그 사람을 부러워하는 데 힘을 낭비할 필요가 없
다. 마찬가지로 비난할 만한 사람이 있다면 그의 모습을 보면서 자신
에게도 그런 단점이 있지는 않은지 성찰해보는 것이 좋다. 그를 비난
해봤자 달라지는 것은 없다. 그 사람이 바뀌는 것도 아니고, 괜한 분
란만 생길 수 있다. 남을 부러워하거나 비난할 시간에 자신을 계발하
고, 성찰하는 것이 현명하다.

잘못을 말하는 태도

事父母, 幾諫, 見志不從, 又敬不違, 勞而不怨.
사 부 모   기 간   견 지 부 종   우 경 불 위   노 이 불 원

부모님을 모실 때 부모님에게 잘못이 있다면 부드럽고 공손하게 말씀드려라.
자기 마음이 부모를 따르지 않는 것을 드러내 보이되, 공경함을 잃지 말고
스스로 깨닫기를 기다려야 한다. 이렇게 하면 괴로울 것이지만, 원망하게
되지 않을 것이다.

부모도 사람이다. 자식에게 자신의 잘못을 지적당하고 돌직구를
맞으면 아프다. 부모님에게 말씀드릴 때는 공손함을 잃지 말아야 한
다. 물론 부모와 자식 사이가 친구처럼 화기애애한 것이 좋다. 하지
만 부모 자식 사이라도 서로 기본적인 예의와 넘지 말아야 할 선은 지
켜야 한다.

부모뿐만 아니라 다른 사람에게 허물을 지적할 때도 마찬가지다.
직언은 상대의 심기를 거슬리게 할 수 있다. 불필요한 감정싸움의 원
인이 되거나 오해를 불러일으킬 수도 있다. 오랜 세월 서로 공감대를
형성해 직언을 충분히 받아들일 수 있는 상대가 아니라면 공손함을
잃지 않는 것이 중요하다.

말한 것을 실천하지 못함을
부끄럽게 여겨라

古者言之不出, 恥躬之不逮也.
고 자 언 지 불 출   치 궁 지 불 체 아

옛사람은 말을 경솔하게 하지 않았다.
그들의 행동이 말한 것에 미치지 못함을 부끄럽게 여겼기 때문이다.

말하는 것은 어렵지 않다. 말한 것을 몸소 실천하는 것이 어렵다. 어질고 현명한 사람들은 말한 바를 실천하지 못했을 때 스스로를 부끄럽게 여긴다. 그래서 함부로 말하지 못하는 것이다.

이와 반대로, 말한 것을 실행하지 않아도 된다고 생각하는 사람들은 말을 가볍게 한다. 옛사람은 말을 경솔하게 하지 않았다고 말한 것으로 보아, 공자가 살던 시절에도 지키지 못할 말을 가볍게 내뱉는 사람이 많았던 모양이다.

절제하면 실수가 적다

以約失之者, 鮮矣.
이 약 실 지 자   신 의

절제하는 데 잘못을 범하는 자는 드물다.

말과 행동을 하는 데 스스로 자신을 다스리며 절제하지 않으면 실수하기 쉽다. 평소 자신이 어떤 말과 행동을 하고 있는지 명확하게 깨어 바라보아야 한다. 여기에서 한 발 나아가 자신의 언행에서 비롯되는 결과까지 깊게 생각해보는 태도를 지녀야 한다. 그렇지 않으면 돌이킬 수 없는 실수를 저지르게 될지도 모른다.

사람들은 단 한 번의 결정적인 말실수나 그릇된 행동으로 평생 쌓아온 명예와 지위를 잃기도 한다. 무엇보다 두려워해야 할 것은 가족이나 친구 등 가까운 이들의 신뢰를 잃는 것이다.

말은 신중하게, 행동은 민첩하게

君子, 欲訥於言, 而敏於行.
군자 욕눌어언 이민어행

군자는 말에 있어 더듬는 것처럼 신중하고,
행동에 있어 민첩하게 하려 한다.

　말은 신중하게 하지 않으면 실수하기 쉽다. 자신도 모르는 사이에 함부로 말하기 쉬우니 마치 더듬는 것처럼 단어 하나하나를 잘 선택해서 말하라는 것이다. 행동은 생각한 것, 말한 것을 실천하는 것이다. 행동을 보면 그 사람이 어떤 사람인지 알 수 있다. 행동을 통해 자신을 증명할 수 있다. 기회를 놓치면 실행할 수 없다. 힘써 행할 수 있을 때 민첩하게 해야 한다. 말은 신중하게, 행동은 민첩하게 하는 것이 현명한 사람이 처신하는 방법이다.

반드시 나를 알아주는 이가 있다

德不孤, 必有隣.
덕 불 고   필 유 린

덕 있는 사람은 외롭지 않다. 반드시 친구가 있다.

    세상은 점점 각박해지고, 인간의 아름다운 덕성보다는 사사로운 욕심이 더 중요하다는 풍조가 퍼지고 있다. 하지만 어디에나 덕이 있는 사람은 존재한다. 유유상종(類類相從, 비슷한 무리끼리 서로 사귐)이라는 말이 있듯이 덕을 가진 사람에게는 마음을 함께하는 사람, 그를 따르는 사람이 있다. 총천연색의 화려한 꽃이나 소박한 무채색의 꽃이나 각자가 지닌 고유한 향을 발산하고, 그에 부응하여 벌과 나비가 날아든다. 바르게 살아가는 것이 조금 외롭게 느껴질 수 있지만, 어딘가에는 나를 알아주는 사람이 반드시 있다.

너무 잦은 충고는 독이 될 수 있다

事君數, 斯辱矣.
<small>사 군 삭　　사 욕 의</small>

朋友數, 斯疏矣.
<small>붕 우 삭　　사 소 의</small>

임금을 섬김에 간언을 자주 하면 욕을 당하고,
친구를 사귐에 충고를 자주 하면 사이가 멀어진다.

자유의 말이다.

아무리 좋은 말도 계속해서 듣게 되면, 번거로워지고 더 듣고 싶지 않다. 이치에 맞는 말이라고 하더라도 충고를 계속 듣다 보면, 기분이 상하는 것이 사람의 마음이다. 명성이나 지위가 높다고 해서 그 사람의 그릇이 크다고 생각하면 오산이다. 오랫동안 친한 사이라서 쓴소리를 해도 괜찮을 것이라는 착각을 버려야 한다. 친구에게 충고할 때는 가볍게 자주 하기보다 진지하게 한 번, 제대로 하는 것이 서로를 위해 좋은 방법이다.

見賢思齊焉, 見不賢而內自省也.
견 현 사 제 언　　견 불 현 이 내 자 성 야

현명하고 어진 사람을 보면 그를 본받아야 하고,

그렇지 못한 사람을 보면

자신에게도 그런 잘못이 있는지 반성해보아야 한다.

올바른 덕을 실천하려면

공야장 公冶長

논어의 다섯 번째 편으로, 원문은 27장이다.
공야장은 공자가 사위 삼은 제자로, 한때 옥에 갇히기도 했으나
공자는 공야장에게 죄가 없다고 판단했다.
이 편에서는 공자의 제자를 비롯한
역사적인 인물들의 덕과 잘잘못에 대해 주로 다룬다.

벌에 의해 죄의 유무가 결정되지 않는다

子謂公冶長, 可妻也, 雖在縲絏之中, 非其罪也,
자 위 공 야 장　가 처 야　　수 재 유 설 지 중　비 기 죄 야
以其子妻之.
이 기 자 처 지

공자가 공야장을 평하기를,
"사위 삼을 만하다. 비록 옥에 갇혔으나 그의 죄가 아니었다"하고,
딸을 그에게 시집보냈다.

전과자에게 딸을 시집보낼 수 있겠는가? 공자는 옥에 갇혀 벌받은 적 있는 공야장을 자신의 사위로 삼는다. 죄의 유무는 형벌에서 결정되는 것이 아니다. 죄가 있는지 없는지는 정의와 양심에 비추어 자기 스스로 판단하는 것이다.

공야장은 비록 벌을 받았지만, 실제로 죄를 지은 것이 아니었다. 과거의 허물로 사람을 판단하지 않고, 있는 그대로 그 사람을 꿰뚫어 보는 눈을 키워야 할 것이다. 성인은 언제나 본질을 본다.

사람을 알려면 행동을 살펴라

始吾於人也, 聽其言而信其行,
시 오 어 인 야   청 기 언 이 신 기 행

今吾於人也, 聽其言而觀其行.
금 오 어 인 야   청 기 언 이 관 기 행

처음에 나는 사람의 말을 들으면 그 행동을 믿었지만,

이제는 그 행동을 살펴본다.

공자에게 재여라는 제자가 있었다. 재여는 말은 잘했지만, 행동이 말하는 것과 달랐다. 하루는 재여가 낮잠을 자는 모습을 본 공자가 '배움에 힘쓰지 않고 낮잠 자는 제자를 보고 무엇을 꾸짖겠는가? 꾸짖을 것조차 없다'라고 혹평했다.

말과 행동이 일치해야 믿을 만한 사람이다. 사람의 행동을 살펴보지 않고 말만 들어서는 그 사람을 정확하게 판단할 수 없다. 공자도 말은 그럴듯하게 잘하지만 그 말을 실천하지 않는 재여를 통해 이런 사실을 깨달았다. 사람을 정확히 알려면 그의 말과 함께 반드시 행동을 살펴보자.

욕심이 많으면 외부의 자극에 흔들린다

吾未見剛者. 棖也慾, 焉得剛?
오 미 견 강 자   정 야 욕   언 득 강

나는 강직한 사람을 보지 못했다.
신정은 욕심이 많으니 어찌 강직하다 할 수 있겠는가?

　'강직한 사람을 보지 못했다'는 공자의 말에, 어떤 사람이 신정이
라는 제자는 강직하지 않냐고 물었다. 이에 공자는 욕심이 있는 자는
강직할 수 없다고 대답했다.

　강직하다는 것은 내면이 굳세고 단단하다는 의미다. 외부의 압력
이나 유혹에 흔들리지 않고, 자기 내면의 도덕과 양심을 따르는 태도
를 말한다. 그런데 욕심이 많으면 외부의 자극에 흔들릴 수밖에 없
다. 신정이라는 제자의 실제 성품은 알 수 없지만 누군가는 그를 강
직하다고 판단했다. 아마도 그가 자신의 욕심을 지키기 위해 때로는
겉으로 강한 모습을 보였기 때문일 것이다. 공자는 그 이면에 있는
욕심을 꿰뚫어보고 강직할 수 없다고 평한 것이다.

실천하는 것이 용기다

子路有聞, 未之能行, 唯恐有聞.
자 로 유 문   미 지 능 행   유 공 유 문

자로는 가르침을 듣고 그것을 미처 실행하기 전에 또 다른 가르침을 들을
까 두려워했다.

자로는 공문십철(孔門十哲, 공자의 제자 중 가장 뛰어난 10명) 중 하나로
꼽히는 인물로, 공자의 사당에도 배향된 핵심 제자다. 공자는 그의
용맹하고 강직한 성품을 칭찬했다. 자로는 그 누구보다 실천력이 강
했고, 공자의 가르침을 들으면 반드시 행하려고 했다.

정의와 양심에 따르는 것이 힘든 이유는 자신의 이익을 버려야 하
는 것이 두렵기 때문이다. 혹은 대다수 사람들에게 비난받는 것이 두
렵기 때문이다. 아는 것을 실천하려면 이런 두려움을 이겨내는 용기
가 필요하다.

묻는 것을 부끄러워하지 말라

敏而好學, 不恥下問
민 이 호 학   불 치 하 문

(공어는) 민첩하게 배우기를 좋아하고,
아랫사람에게 묻는 것을 부끄러워하지 않았다.

공자가 공어에게 '문(文)'이라는 시호를 내렸다. 공어는 사람됨이 그렇게 훌륭하다고 알려지지 않았기에 의아하게 여긴 제자들이 자공에게 그 까닭에 대해 물어보았다. 이에 공자는 그가 비록 악인이지만, 배우는 데 민첩하여 누구에게든 묻는 것을 부끄러워하지 않기 때문이라고 대답했다.

묻는 것을 부끄러워하는 것은 자존심 때문이다. 보통 모르는 것을 자기보다 모자라 보이는 사람에게 물어보면, 체면이 구겨진다고 생각하기 쉽다. 하지만 현명한 사람은 모르는 것을 알기 위해 노력하지 않는 것을 부끄러워하지, 묻는 것을 부끄러워하지 않는다.

생각이 지나치면 행동이 늦다

季文子三思而後行, 子聞之, 曰 : 再斯可矣.
계 문 자 삼 사 이 후 행   자 문 지   왈   재 사 가 의

계문자는 세 번 생각한 이후에야 행동했다.
이 말을 들은 공자가 말했다. "두 번 생각해도 충분하다."

계문자는 신중하고 검소한 것으로 알려진 춘추 시대 노나라의 현인이다. 행동하기 전에 신중하게 생각하는 것은 훌륭한 태도이지만, 무엇이든 지나치면 좋지 않다. 행동하기에 앞서 너무 많은 생각을 하면 적절한 시기를 놓칠 수 있다. 물고기가 미끼를 물은 순간에 낚싯대를 들어 올려야 하고, 물이 들어올 때 노를 저어야 한다. 어떤 일은 기회를 놓치면 평생 후회하기도 한다.

생각을 많이 한다고 해서 꼭 좋은 판단을 내릴 수 있는 것도 아니다. 바둑에서 '장고 끝에 악수 난다'는 말도 있듯이 너무 많은 생각을 하는 것이 능사는 아니다.

용서는 자신을 위한 것

伯夷, 叔齊, 不念舊惡, 怨是用希.
백 이　숙 제　불 념 구 악　원 시 용 희

백이와 숙제는 다른 사람의 지난 잘못을 생각하지 않아서 원망이 적었다.

백이와 숙제는 은나라 말기 고죽국 왕의 장남과 막내 아들이다. 주 무왕이 상나라의 주왕을 몰아내고 주나라를 세우자, 주나라의 양식을 먹는 것을 수치로 여겨 수양산에서 은거하며 나물로 근근이 연명하다 굶어 죽었다는 고사가 전해진다.

'원망이 적다'는 것은 '다른 사람들에게서 원망을 받는 일이 드물었다'는 것으로 해석할 수도 있고, '다른 사람들을 원망하지 않았다'는 것으로 해석할 수도 있다. 두 가지 해석이 모두 가능하다.

다른 사람을 미워하면 상대방도 그 마음을 알게 된다. 그래서 남을 미워하면 자신도 원망을 받게 될 수 있다는 것을 알아야 한다. 다른 사람의 잘못을 마음에 담아두지 않고 용서하면 자신의 마음도 편안해진다. 더 이상 누군가를 미워할 필요가 없기 때문이다. 남의 허물을 잊는 것, 용서하는 것은 결국 자신을 위한 일이다.

좋은 사람인 척 꾸미지 말라

巧言令色足恭, 左丘明恥之, 丘亦恥之.
교 언 영 색 주 공   좌 구 명 지 지   구 역 치 지
匿怨而友其人, 左丘明恥之, 丘亦恥之.
닉 원 이 우 기 인   좌 구 명 지 지   구 역 치 지

말을 교묘하게 꾸미고, 얼굴빛을 좋게 꾸미며,
공손함이 지나친 것을 좌구명이 부끄럽게 여겼다. 나(공자)도 마찬가지다.
원망을 숨기고 그 사람과 친한 척하는 것을 좌구명이 부끄럽게 여겼다.
나도 마찬가지다.

좌구명은 명성이 널리 알려져 있던 인물이다.

공자는 누군가를 좋아하지 않으면서도 그를 대할 때 말과 행동을 꾸미고, 친한 척하는 것을 경계했다. 이런 행동은 솔직하지 못하고, 자신을 속이는 일이다. 한편, 상대가 권력이 있거나 친하게 지내지 않으면 안 되는 상황에서 이로움을 따르는 것일 수 있다. 혹은 권력이나 위세에 굴복하는 것이다. 싫은 사람과 친한 척하는 것은 모든 사람에게 사랑받으려는 인정욕구에서 비롯한 것일 수도 있다. 하지만 누구에게나 사랑받으려는 것은 왜곡된 욕망일 뿐이다. 다른 사람에게 아첨하고 좋은 사람임을 가장하는 행동은 부끄러운 것이다.

사랑으로 품어라

老者安之, 朋友信之, 少者懷之.
노자안지 붕우신지 소자회지

어르신들은 편안히 해드리고, 친구들은 믿음으로 대하며,
나이 어린 자들은 품어주고 싶다.

공자가 제자인 안연, 자로와 함께 각자의 포부를 말했다.

자로는 친구들과 가진 것을 나누겠다고 하고, 안연은 장점이나 공을 자랑하지 않겠다고 했다. 제자들이 의리와 겸손을 논할 때 공자는 사람들과의 관계에서 가장 중요한 사랑을 이야기했다.

윗사람들과의 관계에서는 몸과 마음을 편안하게 해드린다. 어르신을 공경하는 태도를 잃지 않는 것이다. 친구와의 관계에서는 믿음을 준다. 말과 행동에서 진심을 다하고 서로 믿음을 주고받는 것이다. 나이 어린 사람들과의 관계에서는 사랑을 준다. 연장자로서 그들의 아픔을 보듬어주고 위로해주는 것이다. 이 모든 것의 본질은 타인에 대한 사랑이다.

허물을 인정하고 적극적으로 고쳐라

已矣乎! 吾未見能見其過而內自訟者也.
이 의 호   오 미 견 능 견 기 과 이 내 자 송 자 야

그만 내버려두겠다!
나는 자신의 잘못을 발견하고 마음속으로 스스로를 꾸짖는 사람을 본 적이
없다.

누구나 자신의 잘못을 있는 그대로 바라보고 인정하기란 쉽지 않
다. 사람들은 자신을 바라볼 때는 남을 볼 때와는 다르게 관대해지는
경향이 있다. 객관적으로 보지 못하고, 지극히 주관적이다. 남의 허
물을 찾는 데는 날카로운 칼날을 세우지만, 그 칼날이 자신으로 향할
때는 무뎌진다.

어렵사리 자신의 잘못을 인정했다고 하더라도 그것을 고치는 것은
더 어려운 일이다. 잘못을 부끄러워하는 것에서 그치지 않고 적극적
으로 고쳐 나가는 행동에는 용기와 결단이 필요하기 때문이다. 공자
는 이렇게 자신의 잘못을 발견하고 스스로 고치려고 하는 사람을 만
나보지 못할까 두려워하며 탄식했다.

배움에 힘써라

十室之邑, 必有忠信如丘者焉, 不如丘之好學也.
십 실 지 읍   필 유 충 신 여 구 자 언   불 여 구 지 호 학 야

열 집이 사는 작은 고을에도
반드시 나와 같이 진심과 믿음을 다하는 사람이 있을 것이다.
하지만 나처럼 배움을 좋아하는 사람은 없을 것이다.

태어나면서부터 아는 사람은 없다. 사람은 끊임없이 배워야 한다. 아무리 지식과 경험이 많은 사람이라고 하더라도 배움을 즐기고 이어 나가지 않으면 현재 수준에서 멈추고 만다. 배움을 멈추는 순간부터 이미 가지고 있던 지식도 잃어버리기 쉽다. 성인은 재능과 자질이 뛰어난 사람이 아니라 배우는 것을 좋아하는 사람이다. 배우려는 자세는 겸손에서 나온다. 자기 지식과 지혜에 대해 자만하지 말고, 언제나 배움에 힘써야 성장할 수 있다.

敏而好學, 不恥下問
민 이 호 학   불 치 하 문

민첩하게 배우기를 좋아하고,

아랫사람에게 묻는 것을 부끄러워하지 않았다.

군자의 마음가짐을 배우려면

옹야 雍也

논어의 여섯 번째 편으로, 원문은 28장이다.
전반부에는 〈공야장〉 편처럼
여러 인물들에 대한 평가가 주요 내용이다.
후반부에는 군자의 마음가짐과
인(仁)에 대한 내용이 주를 이룬다.

허물을 되풀이하지 마라

不遷怒, 不貳過.
불 천 노   불 이 과

(안회는)자기 노여움을 남에게 옮기지 않고,
같은 잘못을 두 번 저지르지 않았다.

노나라의 애공이 공자에게 제자들 중 가장 배움을 좋아하는 자는 누구인지 물었다. 공자는 젊은 나이에 세상을 떠난 제자 안회가 가장 배움을 좋아하여 노여움을 옮기지 않고, 잘못을 두 번 저지르지 않았다고 말했다.

공자가 안회를 높게 평한 것은 안회의 배움이 단순히 책에 나온 글을 외우거나 글을 짓는 범주를 넘어섰기 때문이다. 안회는 인간다움의 길을 공부하면서 배운 것을 삶에 적용하고 적극 실천했다. 종로에서 뺨 맞고 한강에서 화풀이하는 것은 아직 자신의 감정에 지배당하고 있다는 증거이다. 한 번 잘못하고 나서 배움을 얻지 못하고, 같은 잘못을 되풀이하는 것은 어리석다. 안회는 자신을 객관적으로 바라보고, 자신을 이겨내는 경지에 다다랐다.

있는 그대로의 그 사람을 보라

犁牛之子騂且角, 雖欲勿用, 山川其舍諸.
이 우 지 자 성 차 각   수 욕 물 용   산 천 기 사 저

얼룩무늬 소의 새끼라도 털의 색이 붉고 뿔이 났으면, 사람들이 비록 제사
용으로 쓰지 않으려 해도, 설마 산천이 그것을 버리려고 하겠느냐?

공자가 중궁이라는 제자에 대해 평한 말이다.

고대 주나라에서는 털이 붉고 뿔이 난 소를 제물로 썼다. 얼룩무늬
송아지는 사람들이 제물로 쓰기 꺼렸지만 산천의 신들은 그렇지 않
았다는 말이다. 실제로 털이 붉고 뿔만 있으면 얼룩무늬 송아지라도
제물로 쓸 수 있다.

중궁의 아버지는 악한 성품으로 알려졌기 때문에 사람들은 그런
배경만을 보고 중궁을 평가하려고 했다. 하지만 공자는 한 사람을 평
가할 때는 출신이나 지위, 배경에 대한 색안경을 끼고 보지 말라고 했
다. 아버지가 악한 사람이라고 하더라도 자식은 아버지의 오명을 씻
기고 남을 정도로 학문과 인격이 높을 수 있는 것이다. 사람을 판단
할 때는 배경이 아니라 있는 그대로의 그 사람을 보아야 한다.

가난에 마음을 얽매이지 마라

賢哉, 回也. 一簞食一瓢飲在陋巷,
현재 회야 일단사일표음재누항
人不堪其憂. 回也不改其樂, 賢哉, 回也.
인불감기우 회야불개기락 현재 회야

어질구나, 안회여!
한 그릇의 밥과 한 표주박의 물로 누추한 방에서 지내는구나.
사람들은 그 근심을 견디지 못하는데, 안회는 그 즐거움을 고치지 않으니,
어질구나, 안회여!

가난한 것을 좋아하는 사람은 없다. 안회도 마찬가지였을 것이다. 이 말은 안회가 가난함을 즐겼다는 것이 아니다. 그가 어떤 상황에서도 자신만의 즐거움을 놓치지 않고 내면의 중심을 잡고 정진한 자세를 칭찬한 것이다.

만약 현재 가난한 상황이라고 하더라도 근심하고 부끄러워할 필요는 없다. 가난한 현실은 가치 중립적이다. 사람들이 가난을 부끄럽게 여기고, 근심하는 것일 뿐이다. 가난한 가운데서도 스스로 인간의 도리를 공부하고, 인격 완성의 길을 가는 것에 집중하고, 환경에 마음을 빼앗기지 않고 즐거움을 얻는다면, 근심은 사라질 것이다.

스스로 한계를 만들지 마라

力不足者, 中道而廢, 今女畫.
역 부 족 자   중 도 이 폐   금 녀 획

힘이 부족한 사람은 중도에 그만둔다.
지금 너는 스스로 한계선을 긋고 있는 것이다

염구가 공자에게 자신이 공자가 주장하는 도를 좋아하지 않는 것
은 아니나, 나아가려고 해도 힘이 부족해서 더 나아가기가 힘들다고
말했다. 이에 공자가 스스로 한계선을 그어놓고 행하지 않기 때문이
지, 힘이 부족해서 성장하지 못하는 것이 아니라고 일침을 놓는다.

우리가 무엇을 성취하느냐, 그렇지 못하느냐 하는 것은 의식의 한
계가 어디에 있는지에 달려 있다. 나를 한계 짓는 그 의식이 그것을
이루지 못하게 할 뿐이지, 힘이 부족한 것이 아니다. 만약 염구가 술
이나 소고기를 좋아하듯 배움을 즐겼다면 이런 말을 했을까? 염구는
힘이 부족하다고 말한 그 순간에 바로 자신의 한계선을 그은 것이다.

도덕적인 사람이 되라

女爲君子儒, 無爲小人儒
여 위 군 자 유 무 위 소 인 유

너는 군자다운 선비가 되어라. 소인 같은 선비가 되지 마라.

공자가 자하에게 한 말이다. 자하는 공문십철의 한 사람으로 시 방면에 뛰어난 재주가 있었다. 하지만 공자는 자하가 뜻을 좀 더 크게 품어야 한다고 판단한 모양이다.

군자와 소인은 의(義)를 따르는지, 이(利)를 따르는지에 따라 구분할 수 있다. 이를 따른다는 것은 인간의 도리를 궁구하지 않고 재산을 불리는 데만 집중하는 것, 삿된 욕심으로 공공의 이익에 반하는 행동을 하는 것, 순리에 맞지 않게 판단하는 것 등 도덕적인 것과는 거리가 멀다. 결국 공부의 목적을 시를 잘 짓는 것, 지식을 쌓는 것보다 도덕적인 사람이 되는 것에 두라는 말이다.

자랑하면 도리어 깎인다

孟之反不伐, 奔而殿, 將入門, 策其馬, 曰 : 非敢後也,
맹 지 반 불 벌   분 이 전   장 입 문   책 기 마   왈   비 감 후 야
馬不進也.
마 부 진 야

맹지반은 공을 자랑하지 않았다. 패해 달아날 때 후미에서 엄호하고서도,
자신의 말을 채찍질하면서 '내가 감히 뒤에서 엄호하려 한 게 아니라, 말이
가려 하지 않았다'라고 했다.

공자가 살았던 시대에는 전쟁에서 패했을 때 군의 가장 뒤에서 적
을 막아가면서 아군을 보호하는 것이 가장 큰 미덕이었다. 노나라의
대부 맹지반은 제나라와의 전쟁에서 아군이 패해 퇴각할 때 후미에
서 엄호했으나 자신의 공을 내세우지 않았다. 공자는 이렇게 자신의
공을 내세우지 않는 자세를 칭찬했다.

자신의 공을 내세우면 오히려 그것을 깎아먹는다. 남에게 친절을
베풀고 생색내면 고마움보다는 오히려 반감을 살 수 있듯이, 겸손하
지 않으면 사람들에게 인정받을 수 없다. 인정받고 싶은 욕구를 드러
내는 것은 유치한 짓이다.

사람이 마땅히 따라야 할 길을 따르라

誰能出不由戶, 何莫由斯道也.
수 능 출 불 유 호   하 막 유 사 도 야

누가 문을 거치지 않고 밖으로 나갈 수 있는가?
어찌 이 도를 따르려는 사람이 없는가?

집에서 밖으로 나갈 때는 문을 거쳐야 하듯이, 사람은 행동할 때 반드시 인간의 도리를 통해야 한다. 말과 행동은 반드시 인의의 도, 정도를 따라야 한다. 그런데 사람들은 삶의 정도를 따르기보다는 눈앞의 이익을 좇는다. 어려운 길보다는 당장 가기 쉬운 길을 택한다. 도가 사람을 멀리하는 것이 아니라 사람이 도를 멀리하는 것이다.

2,500여 년 전 공자가 살던 시대나 오늘날이나, 사람이 마땅히 좇아야 할 큰길을 따르는 사람보다는 그렇지 않은 사람이 더 많은 것 같다. 공자의 탄식이 귓가에 들리는 듯하다.

내면과 겉으로 드러나는 모습을 일치시켜라

質勝文則野, 文勝質則史, 文質彬彬然後君子.
질 승 문 즉 야   문 승 질 즉 사   문 질 빈 빈 연 후 군 자

내면이 드러남을 이기면 투박하고, 드러남이 내면을 이기면 실속이 없다.
드러남과 내면이 고루 어우러진 뒤에야 군자가 되는 것이다.

사람이 내면의 본질, 내용이 아무리 훌륭하다고 하더라도 그것을
드러내는 모습이 지나치게 촌스러우면 투박하다. 재주가 있어도 그
말이 다른 사람들에게 영향을 줄 수 없다. 혹은 사람들이 그를 멀리
할 수 있다. 반대로 겉으로 멀끔하고 문서를 관리하는 사람처럼 지적
으로 보인다고 하더라도 속이 텅텅 비어 있다면, 실속이 없다. 한참
동안 이야기를 나눠도 얻을 것이 없다.

내면의 본질과 드러나는 모습, 어느 하나도 놓치지 말고 균형 있게
잘 가꿔야 비로소 군자라고 할 수 있다.

삶의 이치는 정직

人之生也直, 罔之生也, 幸而免.
인 지 생 아 직   망 지 생 아   행 이 면

사람이 살아가는 이치는 정직이다.
속임수로도 살아갈 수 있지만, 그것은 요행히 화를 면하고 있는 것일 뿐이다.

정직한 사람이라고 해서 모두 복을 받으며 잘 살지는 않는다. 정직하지 않은 사람이라고 해서 모두 그에 합당한 대가를 치르며 사는 것도 아니다. 그렇더라도 정직하게 살아가는 것을 포기해서는 안 된다. 삶의 이치는 본래 정직이다. 정직은 생각을 바르게 하고, 사실에 어긋나는 말을 하지 않으며, 도리에 맞게 행동하는 것이다.

봄에 씨를 심으면 가을에 그 열매를 거두듯이, 뿌린 대로 거두는 것이 삶이다. 정직하지 않은 생각을 품고 말과 행동을 하면서도 잘살고 있다면 그것은 요행일 뿐이다. 남을 속이는 그 사람이 지금 당장 벌을 받지 않더라도 원한이 누적되면 역사가 그를 심판한다. 어떤 방식으로든 대가를 치르게 된다.

즐기는 자는 이길 수 없다

知之者不如好之者, 好之者不如樂之者.
지 지 자 불 여 호 지 자   호 지 자 불 여 락 지 자

(배움의 좋은 점을) 아는 사람은 그것을 좋아하는 사람보다는 못하고,
좋아만 하는 사람은 그것을 즐기는 사람보다는 못하다.

이 말의 대상을 학문에만 국한해서 해석할 필요는 없지만,《논어》
에서 전반적으로 배움을 강조하고 있기 때문에 학문의 단계를 이야
기한 것으로 보아도 무방하다.

무엇인가 배우는 행위의 유익함을 알기만 하는 것은 자신에게 큰
도움이 되지 않는다. 실제로 배워야 성장할 수 있다. 배울 때는 억지
로 하는 것보다는 좋아서 하는 것이 오래간다. 하지만 의미 있는 성
과를 얻지 못하면 지속하기 힘들고 이내 시들해진다. 좋아하는 것에
몰입하면서 성과를 얻고 성취감을 느낄 때 진정 배움을 즐길 수 있
다. 배움을 즐기는 경지는 좋아하는 것에서 한 걸음 더 나아가 구체
적인 성과를 얻고, 배움과 하나가 되는 것이다.

모두의 이익을 행하는 것이 인(仁)이다

仁者先難而後獲, 可謂仁矣.
인 자 선 난 이 후 획   가 위 인 의

어려운 일을 먼저 하고 얻는 것을 나중에 하면, 인이라 할 수 있다.

인덕이 있는 사람은 남들이 꺼리는 어려운 일을 피하지 않는다. '얻는 것을 나중에 한다'는 말은 두 가지로 해석할 수 있다.

첫째, 어려운 일을 한 뒤에 그 결과로 얻는 이익에 대해서 조급함을 가지지 않는 것이다. 베푼 것에 대해 빠른 보답을 바라지 않는 것이다.

둘째, 모두에게 이익이 되는 어려운 일은 남보다 앞서서 하고, 개인에게 이익이 되는 일은 남보다 뒤에 한다는 것이다. 어느 쪽이든 뜻이 통한다.

모두의 이익을 위한 일은 앞장서 행하고, 자신의 이익은 뒤에 생각하는 것은 남과 나를 다르게 생각하지 않는 사랑이 있어야 가능하다. 공자가 이야기하는 인(仁)은 곧 사랑이다.

지혜로운 자와 인덕이 있는 자

知者樂水, 仁者樂山. 知者動, 仁者靜, 知者樂, 仁者壽.
지 자 요 수　인 자 요 산　지 자 동　인 자 정　지 자 락　인 자 수

지혜로운 자는 물을 좋아하고, 인덕이 있는 자는 산을 좋아한다.
지혜로운 자는 동적이고, 인덕이 있는 자는 정적이다.
지혜로운 자는 즐기고, 인덕이 있는 자는 장수한다.

지혜로운 자와 인덕이 있는 자의 특징을 재치 있게 설명한 말이다.

'지혜롭다'는 것은 단순히 지식이 많다는 의미가 아니다. 사물의 이치에 통달하여 꽉 막히지 않고 두루 통한다는 것이다. 막힘이 없이 흐르는 물처럼 동적이다. 움직임이 자유롭고 속박되지 않으면 근심이 적다. 즐기면서 살 수 있다.

'인덕이 있다'는 것은 어떤 응석이라도 다 받아줄 것 같은 무게감이 있다. 산과 같이 정적이고 당당하다. 마음에 거리낌이 없고 떳떳하니 장수할 수 있다.

자신을 미루어 다른 사람을 생각하라

夫仁者, 己欲立而立人, 己欲達而達人.
<small>부 인 자　기 욕 립 이 립 인　기 욕 달 이 달 인</small>
能近取譬, 可謂仁之方也已.
<small>능 근 취 비　가 위 인 지 방 야 이</small>

인(仁)한 자는 자기가 서 있고 싶은 곳에 다른 사람도 설 수 있게 해주고,
자기가 통달하고 싶은 것에 다른 사람도 통달하게 해준다.
가까이 자신을 미루어 다른 사람의 마음을 아는 것이
인(仁)을 얻는 방편이라 할 수 있다.

《논어》에서 공자는 여러 차례 인(仁)에 대해 말한다. 인(仁)한 사람은 천지만물과 자기 몸을 다르게 보지 않는다. 모든 것을 자신의 몸처럼 생각한다. 내가 무엇인가 얻고 싶다면 다른 사람도 그것을 원한다는 것을 알고 있다. 자신의 욕구를 미루어 보아 다른 사람의 욕구를 헤아린다. 내가 깨닫고 통달하고 싶은 것이 있다면, 다른 사람도 마찬가지일 것이다. 너와 내가 다르지 않다는 사랑을 깨닫고 그대로 실천하는 경지가 바로 '인(仁)'이다.

知之者不如好之者, 好之者不如樂之者.
지 지 자 불 여 호 지 자   호 지 자 불 여 락 지 자

배움의 좋은 점을 아는 사람은

그것을 좋아하는 사람보다는 못하고,

좋아만 하는 사람은

그것을 즐기는 사람보다는 못하다.

겸손한 태도로 학문에 임하려면

술이 述而

논어의 일곱 번째 편으로, 원문은 37장이다
'述而不作(술이부작, 옛것을 그대로 따라 전할 뿐 새로이 창작하지 않는다)'의
겸손한 태도는 학문하는 자의 마음 자세와
동양 역사학의 주요한 지침이 되었다.
주로 공자가 제자들에게 가르침을 베푼 내용과
평소 행동에 대해 다루고 있다.

겸손한 자세로 배워라

述而不作, 信而好古, 竊比於我老彭.
술 이 부 작   신 이 호 고   절 비 어 아 노 팽

나는 옛것을 그대로 따라 전할 뿐 새로이 창작하지 않고,
옛것을 믿고 좋아한다.
남몰래 나를 노팽(상나라의 어진 대부)에 견주어본다.

공자는 《주역》을 해설한 《십익》을 짓고, 노나라 역사서인 《춘추》
를 편찬했다. 또한, 예악을 정립하고 《시경》 《서경》을 연구하여 불필
요한 글자를 삭제하였다. 당시 그의 가르침을 받은 제자가 3천 명에
이르렀다고 할 정도로 활발한 교육활동을 전개했다.

하지만 공자는 이에 대해 자신이 새롭게 만든 것은 없고, 옛것을
그대로 전했을 뿐이라고 겸손하게 말했다. 실제로 그가 완전히 창작
한 것은 없을지언정 고대 여러 성인의 가르침을 집대성하고, 당대에
필요한 지혜를 정리한 것은 보통 일이 아니다.

학문을 연구하고 전하고자 한다면 겸손함은 기본이다. 겸손한 태
도를 잃으면 열린 마음으로 배울 수 없다.

묵묵히 익히고 행하라

默而識之, 學而不厭, 誨人不倦, 何有於我哉.
묵 이 지 지   학 이 불 염   회 인 불 권   하 유 어 아 재

(지식과 지혜를) 묵묵히 마음에 두고, 배움에 싫증 내지 않으며, 다른 사람을
가르치는 것에 게으름 피우지 않는다. 이런 일이 나에게 무슨 어려움이 있
겠는가?

삶은 배움 그 자체다. 배움이란 책을 많이 읽어 방대한 지식을 얻
는 것만을 의미하지는 않는다. 배움은 싫증 내지 않고 외부에서 끊임
없는 자극을 받아야 한다. 이 자극에는 간접경험과 직접경험이 모두
포함된다. 이렇게 얻은 지식과 깨달음을 묵묵히 자신의 것으로 소화
하는 과정이 필요하다. 비유하자면 제대로 된 음식을 만들기 위해 재
료를 잘 다듬는 과정이 필요한 것이다. 그리고 무엇보다도 이런 과정
을 통해 깨달은 바를 실천해야 한다. 자신의 삶에 적용하고, 나의 언
어로 다른 사람에게 전할 수 있어야 한다.

정말 근심해야 할 것

德之不修, 學之不講, 聞義不能徙, 不善不能改, 是吾憂也.
덕 지 불 수   학 지 불 강   문 의 불 능 사   불 선 불 능 개   시 오 우 야

덕을 닦지 않고 학문을 익히지 않으며,
의로운 것을 듣고도 의로 옮겨가지 않고,
선하지 않은 것을 고치지 못하는 것, 이런 것이 나의 근심이다.

우리는 많은 걱정을 하면서 살아간다. 그런데 이런 걱정의 대부분
은 생존이나 안전을 위협받거나, 어떤 이익을 얻지 못할지도 모른다
는 두려움에서 비롯한다. 하지만 정말 근심해야 할 것은 인간으로서
인간답게 살아가지 못하는 것이다.

공자는 학문과 인격이 성숙하지 못한 상태를 근심한다. 덕을 닦고,
학문을 익히고, 의로움을 실행하고, 허물을 고치는 것은 모두 매일매
일 성장하고 새로워지는 길이다. 이를 통해 한층 성숙한 자세로 인간
답게 살아갈 수 있는 것이다.

성숙한 인격은 온화함으로 드러난다

子之燕居, 申申如也, 夭夭如也.
자 지 연 거   신 신 여 야   요 요 여 야

공자께서 집에서 한가롭게 계실 때 말은 자상했고, 얼굴빛은 온화했다.

한 사람의 인격이 성숙하면 할수록 그가 하는 말이 따뜻하다. 다정다감하고 온화하게 말한다. 말 속에 날이 서 있지 않고, 상대를 존중하는 마음이 전해진다. 성숙한 사람은 얼굴빛도 온화하다. 표정이 어딘가 일그러져 있거나 불편해 보이는 사람은 믿고 따르기 힘들다.

한 사람의 말이나 표정은 그 사람의 마음 상태를 그대로 보여준다. 성숙한 사람의 마음은 사랑으로 가득 차 있고, 평화롭다. 바깥의 환경에 이리저리 흔들리지 않고, 평정을 유지한다.

스스로 구해야 배울 수 있다

不憤不啓, 不悱不發. 擧一隅不以三隅反, 則不復也.
불 분 불 계 불 비 불 발   거 일 우 불 이 삼 우 반   즉 불 부 야

스스로 분발하여 얻기를 구하지 않으면 깨우쳐주지 않는다.
하려는 말이 있는데 표현하지 못하는 경우가 아니면 일깨워주지 않는다.
(네 귀퉁이가 있는 물건에) 한쪽 귀퉁이를 들었는데,
나머지 세 귀퉁이를 알지 못하면 다시 가르치지 않았다.

배움은 스스로 구해야 한다. 필요성을 느끼지 못하는 사람에게 이
것저것 잔뜩 가르치려고 하는 것은 시간 낭비다. 배움이 간절한 사
람, 그에 대한 성의가 얼굴이나 말, 행동에 드러나는 사람에게 일러주
면 확실한 깨달음을 줄 수 있다. 하지만 그렇지 않은 사람에게 억지
로 가르침을 전해봐야 서로 기운만 뺄 뿐이다.

교육자에게는 배우려는 사람의 호기심을 자극하고, 필요성을 일깨
워주는 것의 중요성을 일러주는 말이다. 배우는 사람에게는 스스로
구하고 노력해야 얻을 수 있다는 교훈을 준다.

신중하고 계획이 있어야 한다

必也臨事而懼, 好謀而成者也.
필 야 임 사 이 구   호 모 이 성 자 야

반드시 일을 대할 때 신중히 경계하고, 계획 세우기를 좋아하여,
성공을 이루어내는 사람이어야 한다.

자로가 공자에게 대군을 이끌고 전쟁터에 나간다면 누구와 함께 갈 것인지를 물었다. 자로는 은근히 용맹한 자신과 함께 갈 것이라는 대답을 기대했을 것이다. 하지만 공자는 맨손으로 범을 잡으러 달려들고, 맨발로 강을 건너려는 자와는 함께 가지 않겠다고 하면서 위의 말을 덧붙였다.

임진왜란 때 이순신 장군이 일본과 치른 23번의 전투에서 모두 이긴 것은, 완벽한 정보 수집과 치밀한 전략 때문이었다. 일을 할 때 용기만 앞세우면 백전백패다. 상황을 신중하게, 보다 객관적으로 파악하고 계획을 세워야 일을 이룰 수 있다.

자신이 좋아하는 일을 따르라

富而可求也, 雖執鞭之士, 吾亦爲之. 如不可求, 從吾所好.
부 이 가 구 야 수 집 편 지 사 오 역 위 지 여 불 가 구 종 오 소 호

부유함을 구하여 얻을 수 있다면, 비록 채찍을 잡는 일이라도 할 것이다.
만일 구하여 얻을 수 없다면, 내가 좋아하는 바를 따를 것이다.

부유함을 추구하는 것에 대한 공자의 생각은 두 가지로 해석할 수 있다.

첫째, 공자는 애초에 부를 구하는 것에 뜻을 두지 않았다고 볼 수 있다. 그렇게 생각해보면 부를 구하여 얻을 수 있는지, 그렇지 않은지 여부는 중요한 것이 아니다. 오직 자신이 좋아하는 일을 하라는 말이다.

둘째, 공자라고 해서 부귀영화를 싫어한 것은 아니라고 볼 수 있다. 부는 좋지만, 그것은 오직 하늘에 달린 것이기에 그것에 집착하지 말아야 한다. 마음을 내려놓고 자신이 좋아하는 일을 따르다 보면 부는 자연히 따라올 수 있다. 만일 그렇지 않다 해도 슬퍼할 일은 아니다.

《논어》의 전체 맥락에서 보았을 때 첫 번째 해석이 좀 더 적절하다.

의롭지 않은 부귀는 멀리하라

飯疏食飲水, 曲肱而枕之, 樂亦在其中矣.
반 소 사 음 수   곡 굉 이 침 지   낙 역 재 기 중 의
不義而富且貴, 於我如浮雲.
불 의 이 부 차 귀   어 아 여 부 운

거친 밥을 먹고, 물을 마시며, 팔을 굽혀 베개 삼더라도
그 가운데 즐거움이 있다.
의롭지 않게 부귀한 것은 나에게 뜬구름과 같은 것이다.

이 장을 보고 공자가 부귀를 멀리하고 곤궁한 생활을 즐겼다고 해석하는 것은 적절하지 않다. 공자는 가난함을 즐긴 것이 아니라 의로움을 택한 것이다. 그런 떳떳함과 도덕적인 자신감에서 즐거움을 찾은 것이다.

정당하지 않은 방법으로 남을 음해해서 많은 재산과 벼슬을 얻으면 마음이 편하지 않다. 하지만 몸은 부귀하게 된다. 인간다움, 정의를 선택하면 몸이 곤궁해질 수 있다. 하지만 양심에 거리낌이 없고, 부끄러울 것이 없다. 살아가면서 무엇을 즐거움으로 삼는지를 살펴보면 그 사람의 수준을 알 수 있다.

배움의 즐거움

發憤忘食, 樂以忘憂, 不知老之將至云爾.
발 분 망 식　낙 이 망 우　부 지 노 지 장 지 운 이

배움을 위해 분발할 때는 먹는 것을 잊고, 즐거워 모든 근심을 잊으며,
늙어가는 것조차 알지 못한다.

초나라의 섭공이 자로에게 공자에 대해 물었다. 자로는 딱히 대답
하지 않았는데, 나중에 이 일을 두고 공자가 한 말이다. 그는 자신에
대해 배우는 것을 즐거워하여 먹는 것, 근심하는 것, 심지어 늙어가는
것도 잊고 완전히 몰입한다는 것이다.

이 장을 공자가 자기 자랑을 하는 것으로 해석하는 것은 적절치 않
다.《논어》곳곳에 공자가 자기 자신을 평한 부분이 있는데, 이런 말
은 모두 제자들에게 자신을 본받아 노력하라는 메시지를 전하기 위
한 것이었다. 여기서도 자신과 같이 학문을 좋아하고 즐기는 태도를
가지라고 당부하는 것이다. 자신이 선택한 공부에 몰입하면서 얻는
즐거움은 그 무엇보다 크다.

배움에 온 힘을 다하라

我非生而知之者, 好古敏以求之者也.
아 비 생 이 지 지 자   호 고 민 이 구 지 자 아

나는 나면서부터 모든 도리를 아는 자가 아니다.
옛것을 좋아하여 힘써 그것을 탐구하는 사람일 뿐이다.

배우지 않고도 알 수 있는 것과 그렇지 않은 것이 있다. 모든 사람이 배우지 않고 타고난 것은 내면의 목소리, 양심, 의리와 같은 것이다. 여기서 말하는 옛것은 이러한 타고난 도덕성을 인간 삶에 적용하고, 구체화한 것이다.

공자는 일찍이 배움에 뜻을 세우고 평생 성실하게 공부했다. 나면서부터 알 수 있는 양심과 의리 외에 역사나 문물, 예악과 같은 것은 반드시 배워야 알 수 있는 것이다. 공자는 자신과 같이 배움에 온 힘을 다할 것을 격려하고 있다.

다른 사람에게서 배워라

三人行, 必有我師焉. 擇其善者而從之, 其不善者而改之.
삼 인 행 필 유 아 사 언 택 기 선 자 이 종 지 기 불 선 자 이 개 지

세 사람이 길을 가면 그중에 반드시 나의 스승이 있다.
선량한 사람에게서 선함을 가려 따르고,
선량하지 않은 사람의 것을 거울삼아 자신의 허물을 고쳐라.

세 사람이 길을 간다는 것은 자신을 제외하면 둘이 있다는 말이다. 그중 한 명은 나보다 더 선하고 다른 한 명은 나보다 덜 선하다고 한다면, 선한 사람의 선한 점을 따르고 선하지 않은 사람의 나쁜 점을 보면서 나의 단점을 고치면 된다.

좋은 점을 가졌든, 나쁜 점을 가졌든 다른 사람은 모두 나의 스승이 될 수 있다. 내가 어떤 생각으로 상대를 바라보느냐에 따라 모든 관계는 배움의 장이 될 수도 있고 그렇지 않을 수도 있다. 다른 사람은 곧 나의 거울과도 같다. 그들의 장점에서 내가 배울 것을 찾고, 단점에서 내가 고쳐야 할 점을 찾으면 된다. 모든 경험은 배움이다. 다른 사람에게서 적극적으로 배울 점을 찾아라.

진정한 스승은 아낌없이 내어준다

二三子, 以我爲隱乎? 吾無隱乎爾.
이 삼 자   이 아 위 은 호   오 무 은 호 이

吾無行而不與二三子者, 是丘也.
오 무 행 이 불 여 이 삼 자 자   시 구 야

자네들, 내가 숨기고 가르치지 않는 것이 있다고 생각하는가?

나는 숨기는 것이 없다.

내가 행동을 할 때 자네들에게 보이지 않은 것은 없다.

공자의 제자들은 스승의 경지가 너무 높아 자신들이 그 수준에 이르지 못할 것을 근심했다. 공자가 학문의 정수를 숨겨놓고 가르쳐주지 않는 것은 아닌가 생각했을지도 모른다. 공자는 자기가 숨기는 것은 아무것도 없으며, 행동으로써 알고 있는 것을 모두 보여주고 있다고 말했다. 쓸데없는 의심은 거두고 행동을 잘 살피라는 것이다.

진정한 스승은 자기가 가진 지식과 지혜, 경험을 아낌없이 내어준다. 가진 것을 다 보여줬을 때 혹시나 제자가 스승을 뛰어넘지는 않을지, 자신의 권위가 깎이지 않을지 두려워하지 않는다. 제자가 더 뛰어난 군자가 된다면 더욱 기뻐하는 사람이 진정한 스승이다.

생명을 존중하는 마음이 근본이다

子釣而不綱, 弋不射宿.
자 조 이 불 강   익 불 석 숙

공자는 낚시를 했지만, 그물은 쓰지 않았다.
실을 맨 화살로 새를 쏘았지만, 둥지에서 잠든 새를 쏘지 않았다.

　물고기를 잡을 때 그물을 쓰면 크든 작든 크기에 상관없이 많은 물고기를 잡을 수 있다. 어린 물고기까지 잡아먹으면 당장은 배부르겠지만, 씨가 말라 다음에 먹을 것이 없다. 욕심부리지 않고 자연과 공존하려는 뜻을 알 수 있다.

　실을 맨 화살로 날아다니는 새를 쏘면 정확히 맞추지 못하더라도 새의 날개에 실이 감겨 잡을 수 있다. 실을 맨 화살로 새를 쏘았다는 것은 날아다니는 새만 사냥했다는 것이다. 둥지에서 가만히 졸고 있는 새는 잡지 않았다. 무차별적으로 잔인하게 살생하지 않았다는 것이다.

정확히 아는 것을 써라

蓋有不知而作之者, 我無是也.
개 유 부 지 이 작 지 자   아 무 시 야

이치를 알지 못하면서 글을 쓰는 자가 많은데 나는 그런 일이 없다.

제대로 알지 못하면서 글이나 책을 써서 사람들을 혼란스럽게 하는 것은 잘못이다. 사람들은 활자로 기록된 것에 권위를 부여하고 쉽게 믿는 경향이 있기 때문이다. 혼란스럽거나 애매한 것에 대해서는 섣불리 글로 옮기지 말고, 내면에서 그것이 좀 더 숙성되기를 기다려야 한다.

많이 듣고, 보고, 생각하는 과정에서 지식이 정확하게 정리되고, 이치를 깨달았을 때 글을 써야 자신에게나 다른 사람에게나 실질적인 도움이 될 수 있다. 정리되지 않은 생각을 풀어쓴 어설픈 글은 읽는 이들에게 혼란만 줄 수 있다.

사람의 현재 마음을 보라

人潔己以進, 與其潔也, 不保其往也.
인 결 기 이 진   여 기 결 야   불 보 기 왕 아

사람이 몸과 마음을 깨끗하게 하고 나오면
그 깨끗함을 받아들여야 한다.
지나간 일을 마음에 두어선 안 된다.

사람들의 성정이 사나운 고을에서 자란 한 아이가 공자를 찾아왔다. 제자들은 공자가 그 아이를 보는 것이 적절하지 않다고 생각했는데, 공자는 아이를 인정하고 받아들였다. 그리고 의아해하는 제자들에게 몸과 마음을 깨끗하게 하고 온 그 정신을 존중해 받아들였다고 말했다.

제자들은 사람을 판단할 때 과거의 허물이나 개연성이 충분한 미래의 잘못까지 생각했다. 하지만 공자는 현재의 그 마음을 보고 그 사람을 대했다. 한 사람이 과거에 어떤 잘못을 했든 그 틀 안에서만 규정해버리는 것은 인(仁)에 부합한 자세가 아니다.

욕망의 수준을 높여라

仁遠乎哉, 我欲仁, 斯仁至矣.
인 원 호 재   아 욕 인   사 인 지 의

인(仁)이 어찌 멀리 있겠는가.
내가 인(仁)을 욕망하면 인(仁)이 이르는 것이다.

인(仁)은 마음속에 본래부터 존재하는 덕이다. 어디 다른 곳에서 찾을 것이 아니라 내 안에 있는 것을 다시 찾으면 된다. 인(仁)이라는 말이 생소하다면 '양심'으로 바꿔 읽어보자. 양심은 스스로 버리고 찾지 않기 때문에 멀리 있는 것처럼 느껴질 뿐이다. 내가 원하면 언제든 다시 얻을 수 있는 것이다.

욕망하는 것, 끌어당기는 것이 나를 만들어간다. 동물적이고 육체적인 욕망을 뛰어넘어 인간다움, 양심, 정의와 같은 것을 욕망하면 그만큼 도덕적인 인간의 본성에 충실한 삶을 살 수 있다.

허물을 일러주면 기뻐하라

丘也幸, 苟有過, 人必知之.
구 야 행 구 유 과 인 필 지 지

나는 운이 좋구나.
진실로 나에게 허물이 있으면,
남이 반드시 그것을 알려주는구나.

진나라의 사패 벼슬을 하는 자가 공자에게 노나라의 소공이 예(禮)를 아는지 물었다. 공자는 그렇다고 대답했다. 이에 사패는 공자의 제자인 무마기에게, 소공은 같은 성을 가진 여자에게는 장가를 가면 안 된다는 《예기》의 가르침을 어기고 결혼했다며, 공자의 대답이 편파적이라고 말했다.

그럼에도 공자는 소공을 두둔하거나 사패의 무례를 언짢아하지 않았다. 그저 자신의 허물로 돌리고 기뻐했다. 잘못을 말해주는 사람이 있으면 그를 미워하지 않고 솔직히 인정한 것이다.

누군가 내게 허물을 일러주는 것은 나를 공격하고자 함이 아니다. 잘못을 바로잡을 기회로 여기고 고마워하면 불편한 감정도 쌓이지 않고, 자신도 성장할 수 있다.

어려운 것은 실천이다

文, 莫吾猶人也, 躬行君子, 則吾未之有得.
문 막오유인야 궁행군자 즉오미지유득

학문과 지식에 있어서는 나도 남을 따라갈 만큼은 된다
하지만 몸소 군자의 도를 실천하는 것은
내가 전혀 얻은 것이 없다

공부하고 지식을 구하는 것은 시간을 들이면 누구나 어느 정도 할 수 있다. 군자의 도를 머리로만 아는 것도 마찬가지다. 경전에 있는 좋은 말을 그대로 흉내 내어 입 밖으로 내는 것은 어렵지 않다. 하지만 그렇게 한다고 해서 그것을 바로 실천할 수 있는 것은 아니다. 실천하기 위해서는 때때로 자신의 이익이나 안전을 포기하는 용기가 필요하기 때문이다. 특히 대다수가 원하는 것을 거스르면서 양심을 따르고 소신을 지키는 일은 결코 쉽지 않다. 군자와 소인의 차이는 아는지 모르는지에 있지 않다. 실천하는지 하지 못하는지에 있는 것이다.

지나침을 경계하라

奢則不孫, 儉則固, 與其不孫也, 寧固.
사 즉 불 손 검 즉 고 여 기 불 손 야 영 고

지나치게 사치하면 교만해지고,
부족할 정도로 검약하면 고루하다.
그러나 지나친 것보다 차라리 부족한 것이 낫다.

지나친 것이나, 부족한 것이나, 적절하지 못한 것은 매한가지다. 예(禮)에 대해서도 지나치게 성대하게 차린다면 예의와 풍속을 해치고, 위화감을 불러일으킬 수 있다.

예를 들어, 장례식이나 결혼식을 지나치게 화려하게 행하는 것은 교만함, 불손함으로 비춰질 수 있다. 대중들이 연예인의 초호화 결혼식 소식을 접했을 때 어떤 생각을 하는지 보면 알 수 있다. 반대로 지나치게 절약하면 부족하고 고루해 보일 수 있다. 하지만 주변 사람들에게 미치는 영향을 고려하면 지나친 것보다는 조금 부족한 편이 낫다.

중도에 맞게 순리대로 할 수 없을 때는 지나침을 경계하고, 조금 부족한 듯이 하는 것이 해가 적다.

욕심에 얽매이지 않으면 자유롭다

君子坦蕩蕩, 小人長戚戚.
군 자 탄 탕 탕   소 인 장 척 척

군자는 마음이 평탄하고, 너그럽게 넓으며,
소인은 마음에 항상 근심이 많다.

양심을 지키고 인간의 도리를 잘 따르는 사람은 항상 마음이 떳떳하고 평탄하다. 스스로에 대해 자신감이 있고, 어떤 것에도 얽매이지 않는다. 재갈을 물리지 않은 야생마처럼 자유롭다.

하지만 소인은 자신의 욕심에 매여 있다. 많은 것을 소유하려는 욕심 때문에 사물을 지배하지 못하고, 사물에 집착한다. 그러니 항시 마음이 편하지 않고 근심이 많다. 더 얻지 못하고, 잃게 되지는 않을까 전전긍긍한다. 재갈을 물리고 눈가리개를 한 경주마와 같다. 마음이 욕심에 좌지우지되고, 욕심을 채우는 것 외에 다른 것을 보지 못해 견해가 좁다.

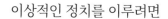

이상적인 정치를 이루려면

태백 泰伯

논어의 여덟 번째 편으로, 원문은 21장이다.
'태백(泰伯)'은 주나라의 창업 시조인 주문왕의 백부로,
자신이 첫째임에도 불구하고 동생인 계력에게 왕위를 양보하여
공자가 그 덕을 칭송한 인물이다.
이상적인 정치를 위한 자기 수양에 관한
내용이 주를 이루고 있다.

예로써 행동을 절제하라

恭而無禮則勞, 愼而無禮則葸, 勇而無禮則亂,
공 이 무 례 즉 로   신 이 무 례 즉 사   용 이 무 례 즉 란

直而無禮則絞.
직 이 무 례 즉 교

공손하되, 예가 없으면 (남의 비위만 맞추니) 헛수고가 된다.

신중하되, 예가 없으면 (삼가기만 하고 나서지 않으니) 두려워한다.

용감하되, 예가 없으면 (분별없이 날뛰니) 난폭하게 된다.

정직하되, 예가 없으면 (곧기만 하여 치우치니) 남을 헐뜯을 뿐이다.

《논어》를 주의 깊게 읽어보면 공자의 예(禮)는 허례허식이 아님을 누구나 알 수 있다. 공자의 예(禮)는 중용이고, 절제다. 모든 행동을 중용으로 향하게 하는 것이 예(禮)다.

사람을 대할 때 공손하기만 하면 이치에 맞지 않는 상대의 말이나 행동에도 비위만 맞추게 되어 그 관계는 서로에게 전혀 발전이 없다. 그저 헛수고가 될 뿐이다. 신중하기만 하면 행동하지 못하는 겁쟁이가 된다. 용기만 앞세우면 앞뒤 없이 날뛰니 난폭하고 어지럽다. 지나치게 곧기만 하면 그렇지 못한 상대를 비방하기만 할 뿐이다.

얇은 얼음 위를 걷듯 자신을 다스려라

戰戰兢兢, 如臨深淵, 如履薄氷.
전 전 긍 긍   여 림 심 연   여 리 박 빙

두려워하고 조심하여

깊은 못에 서 있는 듯하고,

얇은 얼음을 밟는 듯하라.

병이 든 증자가 제자들에게 자신의 손발을 보여줬다. 그는 평생 조심하면서 부모가 준 신체를 상하게 하지 않았다고 말했다. 이때 《시경》의 한 구절을 인용하여 제자들에게도 신체를 잘 보전하고 조심할 것을 당부했다.

깊은 연못가에 서 있다 자칫 실수해 물에 빠지면 낭패다. 얇은 얼음판을 밟을 때는 고양이처럼 조심조심 걸음을 떼야 한다. 그만큼 신체를 잘 보전하라는 것이다.

하지만 부모에게 효도하는 것은 신체를 상하게 하지 않는 것만 생각해서는 안 된다. 잘못된 행동을 해서 부모의 이름을 욕되게 하는 것만큼 후회되는 일이 없을 것이다. 얼음판 위를 걸어가듯 자신의 몸과 마음, 행동을 잘 다스려야 할 것이다.

몸 닦기에 힘쓰라

動容貌, 斯遠暴慢矣,
동 용 모   사 원 포 만 의
正顔色, 斯近信矣,
정 안 색   사 근 신 의
出辭氣, 斯遠鄙倍矣.
출 사 기   사 원 비 배 의

몸을 움직일 때 난폭함과 거만함을 멀리하라.
얼굴빛을 바르게 할 때 믿음직하게 하라.
말할 때 속되고 도리에 벗어나는 말을 멀리하라.

증자가 병문안을 온 맹경자에게 사람은 죽기 전에 선한 말을 하기 마련이라며 함께 전한 말이다.

몸을 움직일 때 거칠게 하면 천박해 보인다. 아무리 재주가 뛰어나다 하더라도 거만한 태도를 보이면 미움받는다. 얼굴빛에서 믿음을 나타낼 수 있도록 노력해야 한다. 비루하고 속된 말을 거침없이 내뱉으면 인격의 수준을 의심받는다. 이치에 맞지 않는 말을 하면서 고집을 부리면 사람들이 떠난다.

다스림의 근본은 먼저 자신의 몸가짐을 바르게 해야 한다는 것이다.

겸손하고 또 겸손하라

以能問於不能, 以多問於寡, 有若無, 實若虛, 犯而不校.
이 능 문 어 불 능   이 다 문 어 과   유 약 무   실 약 허   범 이 불 교

뛰어나더라도 그렇지 않은 사람에게 물어라.

아는 것이 많아도 부족한 사람에게 물어라.

있으면서도 없는 듯하라.

학문이 충만하더라도 비어 있는 듯하라.

남이 기분을 상하게 하더라도 따지지 마라.

증자가 자신의 친구 안연의 덕을 생각하면서 한 말이다.

겸손함은 뛰어난 재능과 학문을 더욱 빛나게 한다. 성숙한 사람일수록 누구에게든 묻는 것을 부끄러워하지 않는다. 아는 것이 많아도 자만하지 않고 항상 배우려는 자세를 가진다. 이미 알고 있다는, 모든 면이 부족함 없이 가득 차 있음을 자랑하려는 마음을 들키면, 질투와 미움의 대상이 된다. 남이 나를 침범해도 그것을 따지지 않는 것은 '나'라는 껍데기를 내려놓아야 가능한 경지다.

뜻을 크게 가져라

士不可以不弘毅, 任重而道遠.
사 불 가 이 불 홍 의 　 임 중 이 도 원

선비는 뜻이 크고 의지가 강하지 않으면 안 된다.
임무가 무겁고 그 길이 멀기 때문이다.

증자의 말이다. '선비'는 인간의 도리를 공부하는 자를 말한다. 선비는 인(仁)을 이루고 그것을 힘써 행하면서 널리 전해야 하기 때문에 그 임무가 무겁다. 그것이 죽기 전에 끝날지조차 알 수 없기에 가야 할 길이 멀다는 것이다.

뜻만 거창하고 정작 그것을 해내려는 의지가 강하지 않다면 실속이 없다. 의지만 엄청나게 강하고 뜻이 크지 않다면 궁극적인 경지에 이르지 못한다. 그래서 뜻을 크게 품고, 강한 의지를 다지는 것 모두가 중요하다.

율곡 이이는 옛 경전을 공부할 때 자신도 성인의 경지에 이르겠다는 심정으로 했다. 자신의 역량에 한계선을 긋지 않아야 뜻한 바를 이룰 수 있다.

너그럽게 포용하라

好勇疾貧, 亂也. 人而不仁, 疾之已甚, 亂也.
호 용 질 빈   난 야   인 이 불 인   질 지 이 심   난 야

용기를 좋아하고 가난함을 싫어하면 분란이 일어난다.
인(仁)하지 않은 사람을 너무 심하게 미워해도 분란이 일어난다.

가난한 사람이 자신의 분수를 모르고 지나치게 그 처지를 비관하는 동시에 폭력에 의지하면, 분란을 일으킬 수 있다. 자신의 문제점을 돌아보고 그 처지를 개선하기 위해 노력하지 않고, 모든 잘못을 외부로 돌리는 마음을 가지면 어지러움이 일어날 수 있다.

인(仁)하지 않은 사람이 있다면 그 사람의 현재 수준을 인정하고 그대로 포용해주는 것이 순리다. 그것을 지나치게 미워하고 버릇을 고치려고 하면 다툼이 일어난다.

어떤 상황에서도 극단으로 치우치지 말고 너그럽게 포용할 줄 알아야 한다.

뛰어난 재주보다 더 중요한 것은 인격이다

如有周公之才之美, 使驕且吝, 其餘不足觀也已.
여 유 주 공 지 재 지 미   사 교 차 린   기 여 부 족 관 야 이

어떤 이가 주공과 같은 아름다운 지혜와 재능을 가졌다고 하더라도
만일 그가 교만하고 인색하다면 그 나머지는 볼 가치가 없다.

　주공은 고대 주나라를 창건한 핵심 인물이자, 공자의 고향 노나라의 시조로, 공자가 흠모했던 인물이다.

　교만하다는 것은 기운이 가득 차고 자신감이 넘쳐, 다른 사람을 대할 때 자신의 우월함을 드러내는 것이다. 인색하다는 것은 기운이 부족하고 마음이 넉넉지 못해, 다른 사람을 대할 때 베풀지 못하고 가진 것을 지나치게 아끼는 것이다. 교만한 사람은 인색하기 쉽고, 인색한 사람 또한 교만하기 쉽다.

　공자는 아무리 재주가 뛰어나고 다른 장점이 많더라도 교만하고 인색하다면, 올바른 사람이 아니라고 단호하게 이야기한다.

공부의 목적을 부귀영화에만 두지 말라

三年學, 不至於穀, 不易得也.
삼 년 학   부 지 어 곡   불 이 득 야

3년 공부에 생각이 벼슬(봉록)에 다다르지 않는 자는 정말 얻기 힘들다.

예전에 관료들은 봉록을 곡식으로 받았다. 하여 곡식에 생각이 이른다는 말은 벼슬을 하고 싶은 생각이 든다는 의미다.

3년 정도 공부에 매진하면 어느 정도 성취를 얻을 수 있다. 그런데 많은 선비들은 이때 더 공부하지 않고, 벼슬길에 나아가 부귀영화를 얻으려고 한다. 물론 좋은 뜻으로, 아는 것을 벼슬에 올라 실천하겠다는 생각을 지닌 이도 있을 것이다. 공자가 지적하는 것은, 벼슬에 오르는 목적이 개인적인 영달에 있는 것이다.

배움의 목적은 부귀영화만이 아니다. 깨달음을 얻는 근본 공부와 세상에 쓰이는 공부를 균형 있게 행해야 할 것이다.

자기의 일에 충실하라

不在其位, 不謀其政.
부 재 기 위   불 모 기 정

그 자리에 있지 않다면,
그 자리에서 해야 할 일을 도모하지 말라.

　남의 말을 하기는 참 쉽다. 그 자리에 있지 않으면서 '내가 그 자리
에 있다면 이렇게 저렇게 했을 것이다' 하고 떠들기는 쉽다. 하지만
막상 그 자리에 앉아 일을 해보면 옆에서 보는 것과는 천지 차이일 것
이다.

　누구나 자기의 일에 충실해야 한다. 다른 사람의 지위에 있어 본
적도 없으면서 뒤에서 이러쿵저러쿵 떠드는 것은 소인배가 하는 행
동이다. 실제로 그 일을 해보면 말로는 쉬웠던 일이 어느 것 하나 만
만치 않다는 것을 알 수 있다. 사정을 제대로 모르는 남의 일에 이런
저런 평가를 하기 전에 자기의 일에 충실한 것이 낫다.

단점을 상쇄할 만한 장점을 지녀라

狂而不直, 侗而不愿, 悾悾而不信, 吾不知之矣.
광 이 부 직   동 이 불 원   공 공 이 불 신   오 부 지 지 의

거만하면서 솔직하지 않고,
미련하면서 성실하지 않고,
어리석으면서 미덥지 않은 사람은
나도 (어찌해야 할지) 모르겠다.

단점이 없는 사람은 없다. 하지만 그 단점을 상쇄할 만한 다른 장점이 있으면 그 사람과는 함께 할 수 있다.

거만한 사람이라면 솔직하기라도 해야 한다. 거만하지만 솔직함이 매력이 될 수 있다. 뒤에서 계략을 꾸미거나 다른 말은 하지 않을 것이기 때문이다. 미련하면 성실하기라도 해야 한다. 아는 것이 적고 지혜가 얕은데 게으르기까지 하다면 미련함을 벗어날 수 없다. 무능하고 어리석으면 믿음직하기라도 해야 한다. 그렇지 않으면 아무리 작은 일이라도 맡길 수 없다.

자기의 단점을 명확하게 알고 그것을 이길 만한 장점을 계발해야 쓸모 있는 재목이 될 수 있다.

배우지 못함을 두려워하라

學如不及, 猶恐失之.
학 여 불 급   유 공 실 지

못 미치지 않을까 배움에 임하고
오히려 그 배운 것을 혹 잃을까 두려워해야 한다.

아무것도 배움이 없는 일상, 깨달음이 없는 삶, 한 걸음씩 앞으로 성장해 나가지 못하는 인생은 의미가 없다. 인간은 육체의 보존만을 위해 세상에 존재하는 것이 아니기 때문이다. 항상 의미를 발견하고 추구해가는 것이 인간이다.

배울 때는 따라잡지 못할까, 놓칠까 전전긍긍하며 열심히 노력해야 한다. 그리고 나서도 혹시 그간 배운 것을 잃지는 않을까 두려워해야 한다. 배움을 멈추는 순간부터 인간은 도태된다. 인간에게 배움은 생존의 문제다. 인간은 배우지 못한다는 것에 대해 두려워해야만 하는 것이다.

자신의 삶은 검소하게,
공적인 일에는 최선을 다하라

禹, 吾無間然矣. 菲飮食而致孝乎鬼神,
우 오무간연의 비음식이치효호귀신

惡衣服而致美乎黻冕, 卑宮室而盡力乎溝洫.
악의복이치미호불면 비궁실이진력호구혁

우임금은 내(공자)가 흠잡을 것이 없다.

자기 음식은 소박했으나, 제사는 풍성했다.

자기 의복은 수수했으나, 제례의 예복과 모자는 아름다웠다.

자기 거처는 누추했으나, 밭 사이의 물길을 내는 데는 온 힘을 다했다.

우임금은 고대 하나라의 시조로, 자기 몸과 가정을 돌보지 않고 황하의 치수사업에 전념해 백성들에게 도움을 주었다고 전해지는 인물이다. 공직에 있는 자라면 자기 이익보다는 공공의 이익에 좀 더 관심을 기울여야 한다. 자신의 생활을 화려하게 하기보다 근검절약하고, 공공의 일에 대해 최선을 다해야 한다. 이것이 공자가 말하는 이상적인 공직자의 모습이다. 수십 억을 호가하는 부동산을 소유하고, 어떻게 해서든 자식들을 미국으로 유학 보내려 안달하는 요즘 공직자들의 모습을 떠올리면 씁쓸하다.

덕과 노력을 쌓으려면

자한 子罕

논어의 아홉 번째 편으로, 원문은 30장이다.
'자한(子罕)'은 '공자가 이익(利)이나 천명(命), 인덕의 도리(仁)에 대해
말이 적었다'라는 뜻으로, 가볍게 말하지 않았다는 것이다.
겸손하게 덕을 추구하고 꾸준히 노력하는 것의
중요성을 이야기한다.

무엇으로 명성을 얻을 것인가?

博學而無所成名.
박 학 이 무 소 성 명

吾何執, 執御乎, 執射乎, 吾執御矣.
오 하 집   집 어 호   집 사 호   오 집 어 의

(공자는) 학문이 넓어 모르는 것이 없는데도 이름을 드러낸 바가 없다.
내가 어떤 기술을 전문으로 하겠는가?
수레를 몰겠는가? 활을 잡겠는가? 내가 수레를 몰겠노라.

어느 마을의 주민이 공자에게 '아는 것은 그리 많은데 기술로는 이름을 떨친 것이 하나도 없군요'라고 말했다. 그 말을 듣고 공자가 '가장 천한 일 중 하나인 수레를 모는 일을 전문으로 해볼까?' 하고 받아친 말이다.

공자가 추구한 것은 인격과 도덕의 완성이지, 전문적인 기술이 아니다. 오늘날에는 곧이곧대로 적용하기 곤란한 말이지만, 당시에는 기술보다는 학문으로 명성을 얻는 것을 더 의미 있게 생각했다. 다만, 배움에 있어 이름을 떨치는 것만을 목표로 하지 말라는 의미로 새겨볼 만하다.

자기를 버려라

子絶四, 毋意, 毋必, 毋固, 毋我.
자 절 사   무 의   무 필   무 고   무 아

공자에게는 없는 네 가지가 있었다.

근거 없이 추측하지 않았다.

반드시 그러해야 한다고 하지 않았다.

고집하는 바가 없었다.

자기 중심적이지 않았다.

배울 때나 사람을 대할 때 혹은 어떤 일에 임할 때 필요한 자세를 말하고 있다. 그 핵심은 자기를 버리는 것이다. 어떤 것에 대해서 근거 없는 추측을 늘어놓고, '꼭 이런 것이다'라고 단정하고, 고집을 꺾지 않은 채 자기중심적으로 군다면 배울 수 있는 것이 없다. 사람들은 떠나가고, 어떤 일도 이루어지지 않는다.

'나'라는 고집불통을 꼭 끌어안고 있으면 다른 관점을 수용할 수 없다. 자기를 내려놓고 다른 사람의 입장에서 그의 견해를 존중하면서 바라볼 수 있는 여유를 가지는 것이 중요하다.

자기 소명을 알고 살아간다는 것

文王旣沒, 文不在玆乎?
문 왕 기 몰   문 부 재 자 호

天之未喪斯文也, 匡人其如予何?
천 지 미 상 사 문 야   광 인 기 여 여 하

문왕은 이미 돌아가셨지만, 도는 나에게 있지 않느냐?

하늘이 이 도를 없애려하지 않으니 광사람들이 나에게 어찌하겠는가?

공자가 광이라는 지역에서 곤란에 처했다. 양호라는 사람이 그곳에서 횡포를 저질렀는데, 하필 공자의 외모가 양호와 비슷해 광의 사람들에게 포위를 당한 것이다. 이때 공자가 하늘이 문왕으로부터 자신에게 이어진 도를 끊게 할 것이 아니라면 별일 없을 거라며 한 말이다.

문왕은 고대 주나라의 실질적인 창건자이며, 이상적인 군주로 공자가 동경했다. 공자는 문왕의 도를 이어가는 것을 자신의 소명으로 여겼다. 그리고 외부에서 오는 어떤 어려움도 그것을 방해하지 못할 거라고 확신했다.

삶의 소명을 아는 사람과 그렇지 않은 사람의 현실을 인식하고 살아가는 태도를 살펴보면 사뭇 다르다. 공자, 석가, 예수, 소크라테스의 공통점은 자신의 소명을 스스로 정의했다는 점이다.

나는 아는 것이 없다

吾有知乎哉? 無知也.
오 유 지 호 재   무 지 야
有鄙夫問於我, 空空如也.
유 비 부 문 어 아   공 공 여 야
我叩其兩端而竭焉.
아 고 기 양 단 이 갈 언

내가 아는 것이 있는가? 아는 것이 없다.
비천한 사람이 나에게 와 묻는다면 그에게 든 것이 없어 어리석더라도
나는 모든 이치를 다하여 말해줄 것이다.

　공자의 겸손함을 엿볼 수 있는 말이다. 자신은 지식이 없지만, 누
군가가 와서 물어본다면 성심성의껏 모든 이치를 하나하나 따져가며
가르쳐주겠다는 말이다.
　경지에 오른 스승들은 이렇게 가르침에 있어서 겸손한 태도를 취
한다. 자신을 굽히고 알려줘야 사람들이 다가와 물을 수 있기 때문이
다. 지식이 조금 있다고 잘난 체하며, 대중과 떨어져서 고고한 척 하
는 사람은 진정한 스승이라고 할 수 없다. 스승의 인격은 자기가 스
스로 높인다고 높아지는 것이 아니라 배우는 사람들에 의해 자연스
레 높아지는 것이다.

다른 사람의 처지에 공감할 줄 알아야

子見齊衰者, 冕衣裳者, 與瞽者,
자 견 자 최 자   면 의 상 자   여 고 자

見之, 雖少, 必作 ; 過之, 必趨.
견 지   수 소   필 작   과 지   필 추

공자는 상복을 입은 사람, 예관을 쓰고 관복 입은 사람, 눈먼 사람을 보면
비록 그가 어리더라도 반드시 자리에서 일어났다.
그 앞을 지날 때는 반드시 종종걸음을 걸었다.

공자는 약자들에게 따뜻한 시선을 보냈다. 그들의 처지에 깊이 공
감했다. 상을 당한 사람의 슬픈 심정을 헤아리고, 불구가 된 사람의
마음을 어루만지려고 했다. 다른 한편, 공공의 이익과 선을 위해 일
하는 사람들에게는 기쁜 마음으로 존경을 표했다.

공자의 인(仁)은 이렇게 다른 사람과 자신을 둘로 보지 않는 것이
다. 마치 나 자신처럼 상대방의 상황을 이해하고, 껴안는 것을 근본
으로 했다. 다른 사람의 처지를 잘 헤아려 그것에 깊이 공감하고 처
신하면 불필요한 오해를 줄일 수 있다.

내가 있는 곳을 밝히는 등불이 되어라

君子居之, 何陋之有?
군자거지　하루지유

군자가 사는 곳이 어찌 비루하겠는가?

하루는 공자가 인(仁)과 덕(德)을 바탕으로 하는, 왕도 정치가 이루어지지 않는 세태를 개탄하면서 구이(九夷) 지방에 가서 은거하려고 했다. '구이'라는 명칭은 중화중심적인 세계관에 비롯된 말로 견이, 우이, 방이, 황이, 백이, 적이, 현이, 풍이, 양이 등 중화권 외곽의 민족들을 일컫는다. 문맥상 공자가 살던 곳이 아닌 변방으로 간다는 정도로 이해하면 무난하다.

이에 한 사람이 변방은 예(禮)를 몰라 누추할 것이라고 걱정하니, 공자는 '군자가 머물면 그곳의 사람들이 자연스럽게 교화될 것'이라고 대답했다. 도덕적인 사람들이 많이 모여 있는 곳을 찾아 지내는 것도 좋지만, 어느 곳에 있든 '내가 있는 곳은 나로 인해 밝아진다'는 생각으로 인간의 도리를 다하는 자세가 중요하다.

때를 놓치지 마라

逝者如斯夫, 不舍晝夜.
서 자 여 사 부   불 사 주 야

가는 것이 마치 이 물과 같구나.
밤낮으로 쉬지 않고 흘러가는구나.

공자가 시냇가에 서서 흘러가는 물을 보며 한 말이다.

만물은 그 무엇도 멈춰 있는 법이 없다. 끊임없이 움직이고 순환하면서, 역동적으로 존재하는 것이 천지만물의 특성이다. 해가 가면 달이 오고, 추위가 지나가면 더위가 닥치고, 물은 쉬지 않고 순환하면서 천지만물을 길러낸다.

시간은 한 번 지나가면 다시 돌아오지 않는다. 배움에도 때가 있다. 때를 놓치지 말고 그 일을 해야 할 그때에 해야 한다.

본능적으로 덕을 향하라

吾未見好德如好色者也.
오 미 견 호 덕 어 호 색 자 야

덕을 좋아하기를 여색을 좋아하듯 하는 사람을 보지 못했다.

남자가 여자를 좋아하고, 여자가 남자를 좋아하는 것은 본능에 속하는 일이다. 이것저것 따지고 이성적으로, 논리적으로 생각하면서 좋아하는 것이 아니다. 본능적으로 누군가에게 이끌리듯이, 사람은 본성적으로 덕(德)을 좋아하는 것이 정상이다.

하지만 이성을 좋아하듯 덕(德)을 좋아하는 사람은 보기 드물다. 본질적으로 개인의 이익과 일치하지 않는 경향이 있기 때문이다. 덕(德)은 나를 향하지 않고 다른 사람을 향한다. 나에게 베푸는 것이 아니라 다른 사람에게 베푸는 것이다. 개인적인 이익과 합치하지 않는다고 하더라도, 양심의 소리에 따라 본능적으로 덕(德)을 향하는 것이 군자의 자세다.

모든 것은 나에게 달려 있다

譬如爲山, 未成一簣, 止, 吾止也.
비 여 위 산　미 성 일 궤　지　오 지 야

譬如平地, 雖覆一簣, 進, 吾往也.
비 여 평 지　수 복 일 궤　진　오 왕 야

(배움이란) 비유하자면

산을 만드는 데 한 삼태기를 이루지 못하고 그치는 것이 바로 나다.

평지에 한 삼태기 흙만 쏟았더라도 계속해 나아가는 것도 바로 나다.

공자가 배움을 삼태기에 흙을 담아 부어 산을 만드는 것에 비유한 말이다. 흙을 잔뜩 쏟아부어서 산이 거의 완성되기 직전, 이제 한 삼태기의 흙만 더 담아와서 부으면 끝나는데, 그만둬버리는 것은 바로 자기 자신이다.

아무것도 없는 평지에 방금 한 삼태기의 흙을 쏟아부었다. 이게 산이 되려면 얼마나 더 많은 흙을 쏟아야 할지 끝이 보이지 않는다. 그런데도 분발하여 계속 삼태기에 흙을 나르는 것도 바로 자기 자신이다.

모든 일의 성패는 자신에게 달려 있다. 할지 말지는 자기가 결정하는 것이다. 환경이나 다른 사람 핑계는 대지 말고 삶에 책임을 지는 태도를 가져야 할 것이다.

그치지 말고 나아가라

苗而不秀者, 有矣夫, 秀而不實者, 有矣夫.
묘 이 불 수 자 유 의 부   수 이 불 실 자 유 의 부

싹이 돋았으나 꽃피우지 못하는 것이 있다.
꽃을 피웠지만 열매 맺지 못하는 것이 있다.

봄에 싹이 돋는 것은 잘 자라서 여름에 꽃을 피우고, 가을에 열매를 맺기 위함이다. 그런데 싹이 났지만 꽃피우지 못하거나, 어찌어찌 꽃은 피웠는데 최종적으로 열매를 맺지 못할 때가 있다. 쭉정이가 되어버린 것이다. 공자는 곡식이 자라는 것에 빗대 학문에 나태하지 말고 끊임없이 정진하라는 말을 전했다.

학문뿐만 아니라 인생도 마찬가지다. 우리가 겪는 많은 일에서 성공하지 못하고, 결실을 맺지 못하는 이유는 중도에 그만두기 때문이다. 어떤 일을 시작했다면 그 목표를 위해 중도에 그치지 말고 한 단계, 한 단계 꾸준히 앞으로 나아가야 한다.

잠재력을 현실로 이루어내지 못하면

後生可畏, 焉知來者之不如今也?
후 생 가 외   언 지 래 자 지 불 여 금 야

四十五十而無聞焉, 斯亦不足畏也已!
사 십 오 십 이 무 문 언   사 역 부 족 외 야 이

젊은이들은 경외할 만하다.

어찌 장래에 그들이 지금보다 못하다고 알 수 있는가?

하지만 사십, 오십에 이르러서도 그 이름을 들을 수 없다면

이 또한 경외할 것이 못 된다.

아직 삶을 꽃피우지 못한 젊은이들의 잠재력은 무한하다. 무엇이 될지 알 수 없는 가능성이 꿈틀거리고 있는 상태다. 그러니 경외할 만한 것이다. 하지만 그들이 자신의 잠재력을 충분히 발휘할 정도로 노력하지 않고, 시기를 놓치고 재능을 낭비한다면 경외할 것이 못 된다.

시간은 눈 깜짝할 사이 흘러가고, 기력은 시간과 더불어 쇠하기 마련이다. 살아갈 날이 많고 기운이 넘치더라도, 뜻을 세우지 않고 시간과 기운을 낭비하면 별 볼 일 없는 사람이 될 뿐이다.

나보다 뛰어난 인격을 가진 사람을
친구로 두라

主忠信, 母友不如己者, 過則勿憚改.
주충신 무우불여기자 과즉물탄개

충성을 다하고 신의를 지키는 것을 주된 원칙으로 삼아라.
인격이 나만 같지 못한 사람과 벗하지 말라.
허물이 있으면 고치는 것을 두려워하지 말라.

나보다 못한 사람을 친구로 삼지 말라는 것은 재능이나 경제적인
상황을 기준으로 삼아서 친구를 구분하라는 말이 아니다. 도덕적으
로 나의 성장을 도울 수 있는 사람을 친구로 두라는 말이다. 이익의
문제가 아니라 도덕적 탁월성, 인격의 고양에 대한 문제다.

친구는 나의 거울이자, 인격의 성장을 서로 도울 수 있는 존재다.
양심의 결이 비슷하지 않은 단순한 지인은 자연스럽게 멀어지고, 서
로의 도덕적인 원칙이 잘 맞는 사람이 오랫동안 친구로 남는다.

사람에게 가장 중요한 것은 의지다

三軍可奪帥也, 匹夫不可奪志也.
삼 군 가 탈 수 야   필 부 불 가 탈 지 아

대군의 장수를 빼앗을 수 있지만,
한 사람의 의지는 빼앗을 수 없다.

중국 고대의 제후국 중 큰 나라는 3군을 거느렸다. 1군은 1만
2,500명으로, 3군은 3만 7,500명 규모인데, 보통 3군이라 하면 대규
모의 군대를 말한다. 필부는 사대부가 아닌 일반 서민을 지칭한다.

대군의 장수를 빼앗는 일은 어렵지만, 불가능한 일은 아니다. 다
만 한 사람의 의지를 꺾는 것은 불가능하다. 그만큼 사람에게 중요한
것은, 그 사람이 품고 있는 뜻, 신념이다. 배움을 통해 깨달은 바가
있다면 의지를 굳게 지켜서 그 무엇에도 흔들리지 않아야 한다는 말
이다.

이익 앞에서 진짜가 가려진다

歲寒然後, 知松柏之後彫也.
세 한 연 후   지 송 백 지 후 조 야

수워진 후에야 소나무, 잣나무가 늦게 시드는 것을 알 수 있다.

한겨울이 되어 추워지면 초목들이 모두 시들어 떨어진다. 이때 소
나무와 잣나무는 유독 푸르게 빛난다. 평소에는 군자와 소인, 도덕
적인 사람과 도덕적인 체하는 사람, 진짜와 가짜를 구분하기 힘들다.
하지만 혹독한 추위 속에서 소나무와 잣나무가 더욱 푸르듯, 이해의
문제가 생기거나 시련을 겪은 뒤에는 진짜가 가려진다.

　이익 앞에서 어떤 태도를 취하는지 살펴보면 군자와 소인을 판단
할 수 있다. 조선 시대에 신숙주와 성삼문은 세종대에 뛰어난 신하였
지만, 수양대군의 폭력 앞에 성삼문은 끝까지 저항했고 신숙주는 무
너졌다.

그럼에도 불구하고 하는 것

知者不惑, 仁者不憂, 勇者不懼.
지 자 불 혹　인 자 불 우　용 자 불 구

지혜로운 사람은 미혹되지 않는다.
인(仁)한 사람은 근심하지 않는다.
용기 있는 사람은 두려워하지 않는다.

지혜로운 사람이라고 해서 전혀 미혹되지 않는 것이 아니다. 미혹됨에도 불구하고, 이치를 따지려 하기 때문에 판단에 실수가 적다. 인(仁)한 사람이라고 해서 근심이 없는 것이 아니다. 개인적인 욕심이나 불리한 상황 때문에 근심할 수 있다. 하지만 결국 순리에 맞게 처신한다. 용감한 사람이라고 해서 두려움이 없는 것이 아니다. 두려움이 밀려옴에도 불구하고, 자신이 옳다고 믿는 신념을 위해 행동하는 것이 용기다.

타고난 지혜, 인(仁), 용기가 있는 것이 아니다. '그럼에도 불구하고' 자신의 신념을 따르고 행동하는 것이 가치 있는 삶의 자세다.

핑계는 끝이 없다

唐棣之華, 偏其反而. 豈不爾思? 室是遠而.
당 체 지 화 편 기 반 이 기 불 이 사 실 시 원 이
未之思也, 夫何遠之有?
미 지 사 야 부 하 원 지 유

자두꽃이 나부끼네. 어찌 그대를 생각하지 않겠는가? 집이 너무 멀다오.
생각하지 않은 것이다. 생각했다면 어찌 먼 것이 이유가 되겠는가?

공자는 '자두꽃이 나부껴 당신이 생각나지만, 집이 너무 멀어 갈 수
없다'는 내용의 시에 대해 핑계에 불과하다고 평했다. 만약 정말로 그
곳에 닿고자 했다면 거리가 먼 것은 문제가 아니다. 무슨 수를 쓰든
갔을 테니 말이다.

공자는 인(仁)을 생각하는 마음이 이와 같다고 말한다. 사람들은
말로만 인(仁)에 대해 논하면서, 그것이 얻기 힘들다는 핑계를 대고,
실제로는 힘을 다하지 않는다는 것이다.

진정으로 생각한다면, 뜻이 있다면, 기운을 집중한다면 한계는 없
다. 멀다고 생각하니 먼 것이다. 미리 한계를 정해놓고 핑곗거리를
갖다 붙이는 것이다.

항상 깨어 있으려면

향당 鄕黨

논어의 열 번째 편으로, 원문은 17장이다.
'공자가 향당에서는 신실한 모습을 보였다'와 같이
공자의 평소 행동거지를 기록한 편이다.

항상 깨어서 자신을 살펴라

唯酒無量, 不及亂.
유주무량 불급란

食不語, 寢不言.
식불어 침불언

(공자는 음식을 절제했으나) 오직 술은 양을 제한하지 않았다.
하지만 취해서 어지러움에 이르지는 않았다.
식사할 때는 말하지 않고, 잘 때 말하지 않았다.

공자의 평소 행실을 알 수 있다. 공자가 술이 약하지는 않았던 것
같다. 그래서 양에 제한을 두지는 않았지만, 취할 때까지 마시지는
않았다. 술을 많이 마셔서 어지러울 지경이 되면 자신을 절제하지 못
하고 실수하기 마련이다.

식사하면서 말하지 않는 것은 오늘날에는 그렇게 권할 만한 것은
아니나, 행동 하나하나에 마음을 집중하자는 뜻으로 이해할 수 있다.
마음이 다른 곳에 가 있으면 식사를 하면서도 다른 것을 생각하며 말
하고, 자면서도 쓸데없는 말을 하게 된다. 항상 깨어서 자신의 몸가
짐을 살피자는 것이다.

앉을 자리가 바른지 살펴보라

席不正, 不坐.
석 부 정 부 좌

(공자는) 자리가 바르지 않으면 앉지 않았다.

이 장을 해석할 때 글자 그대로 앉을 자리 자체가 바르게 되어 있지 않으면, 앉지 않았다고 볼 수도 있다. 하지만 《논어》전체의 맥락에서 처세와 관련하여 좀 더 확장해서 해석해볼 수도 있다.

'자리'는 자신이 처하는 환경이다. 지위가 될 수도 있고, 어떤 모임에서의 역할이 될 수도 있다. 그것이 이치에 합당하고 올바른 것이라면 편안한 마음으로 받아들일 수 있겠지만, 그렇지 않다면 잘 살펴야 한다. 바르지 않은 자리라면 쉽게 몸을 두어선 안 된다. 내가 앉을 자리가 맞는지, 부정한 청탁이 있는 것은 아닌지, 불필요한 오해에 휘말리지는 않을지 생각해봐야 한다.

평소에도 몸가짐에 주의한다

寢不尸, 居不容.
침 불 시 　 거 불 용

공자는 잘 때 시체처럼 눕지 않았고,
집에서는 겉모습을 꾸미지 않았다.

'시(尸)'는 마치 시체처럼 반듯하게 누워 있는 모양을 말한다. 주검은 생명의 기운이 없다. 더 이상 부지런히 움직이지 않는 모양이다. 공자가 죽은 사람처럼 반듯하게 눕지 않은 것은 시체처럼 보이기 싫어서라기보다 아무것도 하지 않는, 나태한 기운이 몸에 들어오지 않게 하기 위함이라고 보아야 할 것이다. 평소에도 몸가짐에 주의한 공자의 정신을 엿볼 수 있다.

집에서 한가하게 지낼 때 공식적인 행사에 참석하는 것처럼 옷을 입거나 예의를 차리면 우스꽝스럽다. 편안할 때는 겉모습을 굳이 꾸밀 필요가 없다. 이런 공자의 모습을 통해 예(禮)는 시도 때도 없이 형식만을 강조하는 것이 아니라 상황에 맞추어 융통성 있게 적용되는 것임을 알 수 있다.

처세에는 눈치가 있어야 한다

色斯擧矣, 翔而後集.
색 사 거 의   상 이 후 집

새도 사람의 안색을 살피고 빙 돌아 날다가 나무에 앉는다.

산속에서 새와 마주쳤을 때 새들이 쉽사리 사람 곁에 오는 경우는 아주 드물다. 어떤 위협이 될지 알 수 없기에 새들은 사람의 기색을 살피면서 빙빙 주위를 날아다닌다. 그러다가 위험하지 않다는 판단이 서면 안전한 곳에 내려앉는다.

사람이 처할 곳을 선택할 때도 이처럼 신중하게 해야 한다. 일이 어떻게 흘러가는지 형세를 보고, 잠재적인 위험이 없을지 잘 판단해야 한다. 물론 올바른 가치를 실현하기 위해서는 필요에 따라 위험이 있더라도 뛰어들어야 할 때도 있다.

자기 앞의 삶을 마주하려면

선진 先進

논어의 열한 번째 편으로, 원문은 25장이다.
안회, 자로, 민자건 등 공자를 따르던 제자들의
장단점을 논한 내용이 주를 이룬다.

눈앞의 사람과 삶이 우선이다

未能事人, 焉能事鬼?
미 능 사 인 　 언 능 사 귀
未知生, 焉知死?
미 지 생 　 언 지 사

능히 사람을 섬기지 못한다면 어찌 귀신을 섬기겠느냐?
삶을 알지 못한다면 어찌 죽음을 알겠느냐?

공자의 제자 계로가 공자에게 귀신을 섬기는 것에 대해 묻자, 공자는 사람부터 제대로 섬길 것을 말했다. 다시, 이번에는 죽음에 관해 물으니 먼저 삶부터 제대로 알아야 한다고 대답했다.

사람과 귀신, 삶과 죽음은 동전의 양면과 같다. 다시 말해, 죽음과 삶 그리고 사람과 귀신은 둘이 아닌 하나다. 삶의 도를 알게 된다면 죽음의 도를 깨달을 수 있고, 사람을 섬기는 것에 눈을 뜨면 귀신을 섬기는 것에도 모자람이 없다. 귀신과 죽음에 대해 논하기 전에 우선 눈앞에 있는 사람과 자기 앞에 펼쳐진 삶이 우선이다.

말을 이치에 맞게 하라

夫人不言, 言必有中.
부 인 불 언   언 필 유 중

이 사람(민자건)은 말을 않을지언정,
말을 하면 반드시 이치에 합당하다.

공자의 제자, 민자건은 평소에 말을 많이 하지 않았다. 하지만 그가 입을 열 적에는 모두 이치에 합당한 말만 했다. 당시 노나라에서는 새 화폐를 만들어 유통하려는 계획이 있었다. 이에 대해 민자건은 새 돈은 만드는 데도 비용이 들고, 백성들도 불편하다고 비판했다.

공자는 말을 많이 하는 것, 화려한 언변을 좋아하지 않았다. 그보다는 한마디를 하더라도 민자건처럼 이치에 어긋남이 없고, 진실하여 믿음이 가는 것을 소중히 여겼다.

지나친 것은 미치지 못함과 같다

過猶不及
과 유 불 급

지나친 것은 미치지 못하는 것과 다름없다.

자공이 자장과 자하의 현명함이 어느 정도인지 공자에게 물었다. 공자는 자장은 지나치다고 했고, 자하는 미치지 못한다고 대답했다.

즉, 자장은 재주가 뛰어나고 뜻이 넓어 어려운 일을 도맡아 하기에 중도를 넘어서고, 자하는 믿음은 돈독하나 삼가는 경향으로 기국이 작으니 중도에 미치지 못한다는 것이다. 그러면 둘 중 그나마 재주가 지나친 사람이 더 나은 것은 아닌지 궁금해진다. 공자는 지나치거나 모자라거나 모두 중용을 잃은 것은 마찬가지라고 이야기했다.

도는 지나치거나 모자란 것이 아닌, 중용을 극치로 삼는다.

이상과 현실은 모두 중요하다

回也其庶乎, 屢空.
회 야 기 시 호   누 공

안회는 (학문과 도덕이) 도에 가까운데, 자주 곤궁하구나.

안회는 공자가 가장 아낀 제자 중 한 명이다. 안회는 가난함 속에서도 괴로워하지 않고 학문에 정진하는, 우직한 면이 있었다. 안회의 학문이나 도덕의 수준은 거의 성인의 경지에 이르렀지만, 항상 궁핍했다. 반면에 '사(賜)'라는 제자는 재물을 늘리는 데 재주가 있고, 언변이 뛰어났다. 하지만 공자는 그를 높게 평가하지 않았다.

공자는 안회를 더 훌륭하다고 평했지만, 현실적인 문제도 중요하다. 안회가 경제적인 능력까지 갖추었다면 병에 걸려 일찍 세상을 떠나지 않고, 더 오랫동안 학문을 연구하며 후학을 길러낼 수 있었을지도 모른다. 이상과 현실은 모두 중요하다.

반드시 배워야 한다

子張問善人之道, 子曰 : 不踐迹, 亦不入於室.
자 장 문 선 인 지 도　자 왈　　불 천 적　역 불 입 어 실

자장이 선인(善人)의 도를 물었다.
공자 : 옛사람들의 발자취를 밟지 않으면 심오한 경지에 들어가지 못한다.

'선인(善人)'은 '착한 사람'이라는 뜻이 아니라, '바탕은 아름답지만 배우지 않은 사람'을 가리킨다. 즉, 자질은 좋으나 갈고닦지 않은 사람이다. 선인은 천성이 착하기 때문에 반드시 옛 가르침을 배우지 않더라도 크게 악을 행하지는 않는다. 하지만 학문과 도덕의 심오한 경지에도 이르지도 못한다.

타고난 자질이 아무리 선하다 하더라도 옛 성인들의 발자취를 따라가며 배워야 큰 그릇이 될 수 있다. 배워야 한 단계 더 발전이 있다.

사람은 쉽게 판단할 수 없다

論篤是與, 君子者乎, 色莊者乎.
논 독 시 여   군 자 자 호   색 장 자 호

사람들은 말이 독실한 자를 칭찬하는데,
그가 진정한 군자인가? 외모만 꾸미는 자인가?

군자는 겉과 속이 같은 사람이다. 하지만 소인은 겉과 속이 다를 수 있다.

대체로 편안한 상태에서 하는 언행은 그 사람의 속마음을 드러내 보여준다. 하지만 꾸미려고 마음먹으면 말과 외모는 자기 본성과 다르게 언제든 바꿀 수 있다. 따라서 말과 외모가 훌륭하다고 하더라도 그것만 보고 사람을 섣불리 판단하는 것은 위험하다. 내 눈앞에 보이는 그 사람의 모습이 자연스러운 진짜 모습인지, 꾸미려는 의도를 갖고 연기를 하는 것인지 꿰뚫어볼 줄 알아야 한다. 사람은 겉모습만으로는 쉽게 판단할 수 없다.

개인의 특성에 맞게 가르쳐야 한다

求也退, 故進之. 由也兼人, 故退之.
구 야 퇴 고 진 지 유 야 겸 인 고 퇴 지

염유는 물러서려고 하니 나아가라 했다.
자로는 남들보다 지나치니 물러서라 했다.

염유와 자로가 각각 공자에게 '의리를 들으면 곧 행해야 합니까?'라
는 질문을 던졌다. 공자가 염유에게는 '들으면 바로 행하라'고 하고,
자로에게는 '부모 형제를 생각해 바로 행동하는 것은 삼가라'고 했다.
이에 공서화가 같은 질문에 다르게 일러준 이유를 묻자 공자가 대답
한 말이다.

지나친 것과 부족한 것은 모두 중도로 향하도록 고쳐야 할 것이다.
이상적인 교육은 개인의 특성에 따라 가르치는 것이 달라야 한다.

이치에 맞지 않으면 그만두어야 한다

所謂大臣者, 以道事君, 不可則止.
소 위 대 신 자   이 도 사 군   불 가 즉 지

이른바 큰 신하라고 할 수 있는 자는
도로써 임금을 섬기다가
그것이 불가능하게 되면 물러나는 사람이다.

계자연이라는 자의 집안에서 자로와 염구를 신하로 삼았다. 그는
이들이 임금보다 자기를 따를 것이라 생각하고 자랑스러워했다. 그
리고 공자에게 그 두 사람이 큰 신하라 할 수 있는지, 상관의 명령에
순종하는 성향인지를 물었다.

공자는 두 제자가 비록 대신의 경지에 이르지는 않더라도, 계자연
이 이치에 어긋나는 명령을 내린다면 따르지 않을 것이라 대답했다.

상하관계를 맺었다고 하더라도 윗사람의 말이 이치에 맞지 않다면
그 관계는 그만두어야 한다.

배움보다 말주변이 앞서지 말라

是故惡夫佞者
시 고 오 부 녕 자

나는 말주변이 있는 자를 미워한다.

자로가 계씨 집안의 가신이 된 후 자고라는 사람을 천거했다. 자고는 바탕은 뛰어나지만, 아직 배움이 충분히 성숙하지 못한 상태였다. 이것을 듣고 공자가 자로에게 남의 아들을 해치는 일이라며 주의를 주자, 자로는 백성을 다스리는 게 다 배우는 것 아니냐고 말했다.

자로의 말이 틀린 것은 아니다. 하지만 공자가 강조한 도의 근본은 자신의 몸과 마음을 갈고닦는 것을 우선으로 하고, 충분히 성숙한 뒤에 사람을 다스리는 것이었다. 자로는 자기 편의에 따라 그럴듯한 말주변으로 스승의 가르침을 무시했기에 공자에게 이런 평가를 받았다.

未知生, 焉知死?

미 지 생　　 언 지 사

삶을 알지 못한다면 어찌 죽음을 알겠느냐?

자기 앞의 삶을 마주하려면

안연 顔淵

논어의 열두 번째 편으로, 원문은 24장이다.
공자의 수제자였던 안연을 비롯한 제자들과 공자의 문답이 실려 있다.
주된 내용은 무엇이 '인(仁)'인가에 대한 것이다.
또한, 공자가 생각하는
이상적인 군자의 모습에 대해서도 살펴볼 수 있다.

자신을 이겨야 올바른 사람이 된다

克己復禮爲仁, 一日克己復禮, 天下歸仁焉.
극 기 복 례 위 인   일 일 극 기 복 례   천 하 귀 인 언
爲仁由己, 而由人乎哉?
위 인 유 기   이 유 인 호 재

자기의 욕심을 이기고 예로 돌아가는 것이 인(仁)이다.
사람들이 하루아침에 분발해 사욕을 이기고 예로 돌아간다면,
모두 인(仁)한 본성을 찾을 수 있다.
인(仁)은 자기에게서 말미암는 것이지, 어찌 다른 사람에게서 말미암겠는가?

'자기를 이긴다'는 것은 어떤 어려움을 꾹 참고 인내한다는 뜻도 있지만 문맥상 소인의 마음, 즉 삿된 욕심을 극복해낸다고 해석하는 것이 적절하다. 예(禮)는 이치에 합당한 절도와 격식을 뜻하나 단순히 겉으로 드러나는 형식만을 가리키는 것은 아니다. 예는 절제하는 것이다. 자기 욕심만 따라가면 절제할 수 없다. 하지만 욕심을 이기고 이치에 맞게 절제한다면 인(仁)에 돌아갈 수 있다.

외부의 환경이 나의 인격을 결정하는 것이 아니다. 같은 상황에서도 자신을 통제할 수 있는 사람은 인간의 도리를 지키지만, 그렇지 않은 사람은 욕심의 노예가 된다.

삿된 욕심을 경계하라

非禮勿視, 非禮勿聽,
비 례 물 시   비 례 물 청
非禮勿言, 非禮勿動
비 례 물 언   비 례 물 동

예가 아니면 보지 말라.

예가 아니면 듣지 말라.

예가 아니면 말하지 말라.

예가 아니면 행동하지 말라.

앞의 장에서 이어지는 내용이다. 안연이 극기복례를 실천하기 위한 조목(행동지침)을 묻자 공자가 답한 내용이다. 여기서 '예(禮)'가 아닌 것'은 단순히 형식적으로 예에 맞지 않는 것을 가리키는 말이 아니라 스스로의 삿된 욕심을 말한다.

삿된 욕심을 자극하거나 그로부터 말미암은 것은 보지도, 듣지도, 말하지도, 행동하지도 말라는 것이다. 예에 맞는 것을 보고 들으며, 예에 맞게 말하고 행동해야 욕심에서 멀어질 수 있다.

다른 사람을 나와 같이 대하라

出門如見大賓, 使民如承大祭. 己所不欲, 勿施於人.
출 문 여 견 대 빈 사 민 여 승 대 제 기 소 불 욕 물 시 어 인

문밖에 나가 길 가는 사람을 볼 때는 귀한 손님을 뵙는 것처럼 하고,
백성을 부릴 때는 큰 제사를 받들듯이 하라.
자기가 하고 싶지 않은 것은 남에게 시키지 말아야 한다.

중궁이 인(仁)에 대해 질문하자 이에 공자가 답한 말이다. 공자는
《논어》 전반에 걸쳐서 인(仁)에 대해 논한다. 공자가 말하는 인(仁)의
핵심은 '다른 이에 대한 사랑'이다.

문밖에 나가 보이는 사람은 특별할 것 없는 '남'이다. 그런데 생면
부지의 사람을 귀한 손님을 만난 것처럼 대하라고 했다. 그만큼 마음
을 넓게 가지고, 자신과 남을 구분하지 말며, 꼭 자신과 같이 대하라
는 것이다. 같은 맥락에서 내가 하고 싶지 않은 일은 남에게 시키지
않는 것 또한 인(仁)의 실천이다.

신중하게 말하라

仁者, 其言也訒.
인 자　기 언 야 인

爲之難, 言之得無訒乎!
위 지 난　언 지 득 무 인 호

인자(仁 : 者)는 그 말을 신중하게 한다.

인(仁)을 행하기 어려우니, 어찌 신중하게 말하지 않을 수 있단 말인가!

말로만 떠드는 도덕은 진짜가 아니다. 껍데기에 불과하다. 인간의
도리는 실천해야 완성되는 것이지, '그런 척'한다고 되는 것이 아니다.

군자는 말을 신중하게 하고, 소인은 말을 쉽게 한다. 군자는 지킬
수 있는 것을 말하려 하지만, 소인은 실제 그렇지 않더라도 자기를 꾸
미는 말을 하기 때문이다. 군자가 두려워하는 것은 할 수 없는 것을
입 밖에 내는 것이지만, 소인이 두려워하는 것은 남들이 자신을 깔보
는 것이다. 자신에 대한 평가 기준이 군자는 자기 내면에 있고, 소인
은 다른 사람에게 있다.

안으로 살펴 부끄러움이 없으면 두려움이 없다

君子不憂不懼.
군 자 불 우 불 구
內省不疚, 夫何憂何懼?
내 성 불 구 부 하 우 하 구

군자는 근심하지 않고, 두려워하지 않는다.
안으로 살펴 부끄러움이 없으면 무엇을 근심하고 두려워하겠는가?

사마우가 어떤 사람을 군자라고 할 수 있는지 물었다. 이에 공자가 답한 말이다.

평소에 인간의 도리를 실천하고, 양심에 따라 행동하면 내면에 부끄러움이 없다. 거리낄 것이 없고 당당하다. 항상 당당하면 어지간한 일에는 근심하거나 두려워하지 않는다. 그럴 만한 상황이 생기더라도 흔들림이 작다.

근심과 두려움은 밖에서 오는 것이 아니다. 내면에 달린 것이다. 내면이 근심과 두려움으로 가득하면 본래의 덕이 빛을 잃는다.

온 세상 사람이 형제다

君子敬而無失, 與人恭而有禮,
군 자 경 이 무 실   여 인 공 이 유 례

四海之內, 皆兄弟也.
사 해 지 내   개 형 제 야

君子何患乎無兄弟也?
군 자 하 환 호 무 형 제 야

군자가 공경하여 자신의 도리를 잃지 않고, 다른 이들에게 공손하여 예를
지키면, 사해 안의 모든 사람이 형제와 같다.
군자가 어찌 형제 없음을 근심하는가?

사마우가 '남들은 모두 형제가 있는데, 나만 없다'고 근심했다. 이
에 자하가 한 말이다.

사람이 자신의 도리를 다하고, 몸과 마음을 절제하여 흠이 없고,
공손하게 다른 사람을 예로써 대하면, 그 누구도 그를 미워할 수 없
다. 그 사람과 친해지려고 모여든다. 자신의 인격을 닦으면서 남을
공경하면 평생 우정을 나눌 친구를 얻을 수 있다.

깨달음의 경지에서 보면 나와 남은 다르지 않다. 피가 섞인 형제나
그렇지 않은 친구나 본질적으로는 차이가 없는 존재다.

신중하게 판단해야 속지 않는다

浸潤之讒, 膚受之愬, 不行焉, 可謂明也已矣.
침 윤 지 참   부 수 지 소   불 행 언   가 위 명 야 이 의
浸潤之讒, 膚受之愬, 不行焉, 可謂遠也已矣.
침 윤 지 참   부 수 지 소   불 행 언   가 위 원 야 이 의

물처럼 젖어 드는 헐뜯는 말과 피부에 와닿는 하소연에도 행하지 않으면,
사리에 밝다고 할 수 있다.
물처럼 젖어 드는 헐뜯는 말과 피부에 와닿는 하소연에도 행하지 않으면,
멀리 내다본다고 할 수 있다.

자장이 사리에 밝다는 것이 무엇인지 공자에게 물어 들은 대답이다.

누군가 옆에 와서 남을 헐뜯을 때 갑작스럽게 말하면 그 말에 동조하기 쉽지 않다. 하지만 은근하게 물이 스며들듯 험담을 늘어놓으면, 듣는 사람은 자기도 모르게 그 말을 믿기 쉽다. 상대의 의도에 넘어가는 것이다. 자신의 원통함을 호소할 때 작은 목소리로 어설프게 하면 마음이 동하지 않는다. 하지만 피부에 와닿게 눈물을 흘리며, 애통하게 호소하면 듣는 사람은 이것저것 따지지 않고 동조하기 쉽다. 이 또한 상대의 책략에 넘어가는 것이다.

지혜롭고, 멀리 볼 줄 아는 사람은 신중하게 판단해 속지 않는다.

사치하지 말고 아랫사람을 살펴라

百姓足, 君孰與不足? 百姓不足, 君孰與足?
백 성 족   군 숙 여 부 족   백 성 부 족   군 숙 여 족

백성이 풍족하면 임금이 어찌 부족하겠는가?
백성이 부족하면 임금이 어찌 풍족하겠는가?

노나라의 임금 애공이 유약에게 흉년이 들어 돈이 부족하니 어찌
하면 좋겠냐고 물었다. 유약은 생산되는 곡식의 10분의 1을 세금으
로 거두라고 말했다. 애공은 10분의 2를 거두어도 부족한데 어찌 10
분의 1을 거두겠냐고 다시 물었다. 이에 유약이 답한 말이다.

윗사람은 자신이 사치하려는 생각을 추호도 하지 말고, 아랫사람
의 사정을 우선적으로 돌보아야 한다. 자신의 이익을 우선하는 리더
는 결코 성공할 수 없다.

자신의 역할을 다해야 한다

君君, 臣臣, 父父, 子子.
군군 신신 부부 자자

임금은 맡은 책임을 다해야 하고, 신하는 신하의 본분을 다해야 한다.
아버지는 아비의 책임을 다해야 하고, 아들은 아들의 본분을 다해야 한다.

제나라 경공이 공자에게 정치에 대해 물었다. 이에 공자가 답한 말이다.

당시 경공은 나라 안에서 민심을 잃고, 태자를 세우지 못했다. 그래서 권력의 중심이 대부 진씨에게 가 있었다. 공자는 임금과 신하, 아버지와 아들이 각각 자신의 역할을 다해야 나라의 정치가 바로잡힐 것이라고 충언했다. 임금인 경공이 우선 책임을 다해 민심을 다시 얻고, 신하인 대부 진씨를 경계하여 그 본분을 다하게 하고, 아버지로서 여러 부인 사이에서 방탕하지 말고 태자를 세워 기강을 잡으라고 한 것이다.

경공은 이 말을 옳게 여겼지만, 실천하지 못했다. 그는 결국 대부 진씨에게 나라를 빼앗기고 죽음을 맞이했다. 자신의 역할을 제대로 하는 것이 모든 일의 근본이다.

근본을 바르게 하라

聽訟, 吾猶人也, 必也使無訟乎.
청 송   오 유 인 아   필 야 사 무 송 호

소송을 듣고 판결하는 것은 나도 다른 이들과 같다
하지만 나는 반드시 소송이 없도록 하겠다.

다툼이 생겨서 그 말을 듣고 판결하는 것은 이미 사건이 생긴 뒤에 수습하는 것이다. 말단을 다스리는 방식이지, 근본을 바로잡는 일은 아니다. 흐르는 물의 근원을 맑게 하면 아랫물도 맑아지듯이, 그 근본을 바르게 해야 사람들 사이에 다툼이 없다.

공자는 사람들 사이에 문제가 생긴 뒤에 그것을 해결하기보다, 일찍이 사람들에게 인(仁)과 예(禮)를 널리 알려서 스스로 다투는 마음이 생기지 않도록 하는 것이 더 중요하다고 생각했다.

다른 사람을 빛나게 하라

君子成人之美, 不成人之惡, 小人反是.
군 자 성 인 지 미   불 성 인 지 악   소 인 반 시

군자는 다른 사람의 아름다운 명성을 이루게 하고,
나쁜 명성은 이루어지지 않게 한다.
소인은 그와 반대로 한다.

군자는 다른 사람을 이끌어주어 그가 가진 본래의 착한 심성과 장점을 더 빛나게 해준다. 즉, 다른 사람이 더 성장하고 발전하도록 도움과 지지를 아끼지 않는다. 각자의 명성은 각자의 몫이기에, 남이 얻은 것을 시기하거나 질투하지 않는다. 남의 성공에 진심으로 박수를 보낸다.

하지만 소인은 남의 나쁜 점을 더 잘 드러나게 하고, 장점은 깎아내리려고 한다. 남이 잘되는 꼴을 못 본다. 다른 사람보다는 당장 자기가 더 잘되어야 한다고 생각한다. 비교하면서 열등감을 느끼고, 시기와 질투를 한다.

다른 사람을 빛나게 하는 사람이 어진 사람이다.

이끄는 자가 모범을 보여라

政者, 正也. 子帥以正, 孰敢不正?
정 자 정 야 자 솔 이 정 숙 감 부 정

다스린다는 것은 바른 것이다.
그대가 올바른 것이 본보기가 된다면, 누가 감히 올바르지 않겠는가?

계강자가 공자에게 정치에 대해 물었다. 이에 공자가 답한 말이다.

다스린다는 것은 엄격한 규율을 세우고, 계층 구조를 공고히 하고, 통제하는 것이 아니다. 사람은 마음이 동해서 스스로 따르는 존재이지, 외부의 압력이나 규칙으로 복종하는 존재가 아니기 때문이다.

자기가 바르지 않은데 말로만 떠들어봐야 그 말을 들을 사람은 아무도 없다. 이끄는 자가 먼저 바른 도리를 행하고, 모범이 되어야 사람들이 따르는 법이다. 다스린다는 것은 솔선수범 외에 아무것도 아니다. 가정, 사회, 국가 등 어떤 형태의 조직을 이끄는 사람이라도 꼭 명심해야 하는 말이다.

어려움을 먼저 하고
이익은 나중에 생각하라

先事後得, 非崇德與? 攻其惡, 無攻人之惡, 非修慝與?
선 사 후 득   비 숭 덕 여   공 기 악   무 공 인 지 악   비 수 특 여

어려움을 먼저 하고, 이익 얻음을 나중에 하는 것이
덕을 높이는 것이 아니겠느냐?
자신의 나쁜 점을 책망하고, 다른 이의 나쁜 점을 책망하지 않는 것이
악을 다스리는 것이 아니겠느냐?

남들이 하려고 하지 않는 일을 먼저 하고, 그에 대한 대가를 계산하는 것을 뒤로하면 누구나 그를 존경하고 칭찬한다. 의(義)를 우선하고, 이(利)를 나중으로 하는 사람은 드물다. 하지만 어려움을 먼저 하고 이익을 나중에 생각하는 것이 덕(德)을 높이는 길이다.

다른 사람의 나쁜 점을 비난하면서 자신의 단점을 고치지 않는다면 자신의 단점이 다스려지지 않는다. 스스로 자신의 허물을 살펴야 악을 제거할 수 있는 것이다.

듣지 않으면 그만두라

忠告而善道之, 不可則止, 無自辱焉.
충고이선도지 불가즉지 무자욕언

충심으로 권고하고 잘 이끌어주되,
듣지 않으면 그만두어 스스로 욕됨이 없도록 해야 한다.

자공이 친구를 사귀는 도에 대해 묻고, 공자가 답한 말이다.

공자는 친구를 서로 인(仁)을 돕는 관계로 보았다. 친구가 도에 어긋나는 말과 행동으로 인(仁)에서 멀어지는 것을 그냥 두고 보는 것은 진짜 친구가 아니다. 그에게 마음을 다해 충고해주고, 좋은 방향으로 이끌어줘야 한다. 이때 중요한 것은 괜히 돌직구를 던져서 감정을 상하게 해서는 안 된다는 점이다. 진심으로 좋게 말해도 친구가 듣지 않는다면 어쩔 수 없다. 계속 같은 이야기를 해봐야 의만 상한다. 그 상태의 친구를 인정하고 받아들이거나 자연스럽게 멀어지는 수밖에 없다.

친구란 서로의 인(仁)을 돕는 존재다

君子以文會友, 以友輔仁.
군자이문회우 이우보인

군자는 글로써 친구를 모으고, 친구로 인(仁)을 돕는다.

증자의 말이다.

일반적으로 친구는 같은 학교나 같은 지역 출신, 즉 학연, 지연 등을 바탕으로 사귄다. 하지만 군자가 친구를 사귀는 방법은 다르다. 군자는 친구를 글과 학문으로 만난다.

학문적 배움을 바탕으로 친구를 사귄다면 성장을 위한 열정이 있는 사람들을 만날 수 있다. 이런 사람들이 모이면 서로 긍정적인 자극을 줄 수 있다. 인(仁)으로 가는 수양의 길을 서로 격려하면서 도울 수 있는 것이다.

君子不憂不懼.
군 자 불 우 불 구

內省不疚, 夫何憂何懼?
내 성 불 구　부 하 우 하 구

군자는 근심하지 않고 두려워하지 않는다.

안으로 살펴 부끄러움이 없으면

무엇을 근심하고 두려워하겠는가?

이끄는 자가 되려면

자로 子路

논어의 열세 번째 편으로, 원문은 30장이다.
공자의 제자 중 가장 성격이 강직하고 열정적이었던
자로와의 대화를 시작으로,
제자들과 공자의 문답으로 이루어져 있다.
국가 운영, 교육에 대한 생각과
개인의 도덕 수양 등 광범위한 분야를 다룬다.

리더라면 앞장서 노력하라

先之, 勞之, 無倦.
선 지   노 지   무 권

자신이 앞장서 실행하라. 몸소 수고하라. 직무를 게을리하지 마라.

자로가 정치에 대해 묻고, 공자가 답한 말이다.

한 조직을 제대로 이끌어가려면 리더가 먼저 앞장서 행해야 한다. 자기가 해보지도 않은 것을 남에게 하라고 할 수는 없다. 자기가 해보지 않은 것을 남에게 시키면 실제로 그 일을 할 때 어떤 어려움이 있는지, 주어진 조건에서 할 수 있는 일인지 등을 판단할 수 없다.

군에서 장교가 될 사람들은 먼저 복종 훈련부터 철저히 한다. 그 훈련을 통해 병사들에게 어떤 명령을 내리면 될지를 스스로 깨닫는 과정을 거친다.

몸소 수고하면서 솔선수범해야 사람들이 믿고 따른다. 자기가 맡은 직무에 나태하지 말아야 한다. 즉, 자신의 책임을 다해야 자연스럽게 다스려진다는 것이다.

조직을 잘 운영하는 방법

先有司, 赦小過, 擧賢才.
선 유 사   사 소 과   거 현 재

솔선수범하여 관리들에게 모범이 되라.

작은 잘못은 용서해줘라.

덕 있고 능력 있는 자를 등용하라.

중궁이 계씨의 가신이 되고 나서 공자에게 정치에 대해 묻자, 공자가 전한 대답이다.

여러 차례 강조되는 바와 같이, 조직을 잘 운영하는 방법은 솔선수범하여 모범을 보이는 것이 우선이다. 그리고 형벌은 최소한으로 활용해야 한다. 큰 잘못은 그대로 두면 크게 해로울 수 있으니 징계하더라도, 작은 잘못은 용서하는 것이 좋다. 형벌을 남용하지 않아야 두려움으로 통치하는 상황을 막을 수 있다. 또한, 맞지 않는 사람을 교정하기 위해 힘을 들이는 것보다 애초에 덕 있고 능력 있는 사람을 선발하는 것이 현명하다.

명분을 바로잡아야 하는 이유

必也正名乎. 名不正, 則言不順, 言不順, 則事不成
필 야 정 명 호   명 부 정   즉 언 불 순   언 불 순   즉 사 불 성

반드시 명분을 바로잡아야 한다.
명분이 바로잡히지 않으면, 말이 이치에 맞지 않고,
말이 이치에 맞지 않으면 일이 이루어지지 않는다.

자로가 위나라에서 벼슬길에 올랐을 때 공자에게 무엇부터 바로잡아야 할지 물었다. 당시 위출공은 정당한 명분으로 임금이 되지 않았기 때문에 공자는 경계하는 태도를 취했으나, 스승의 충고를 등한시한 자로는 결국 죽임을 당했다.

명분은 '서로 간에 지켜야 할 도리' 혹은 '일의 구실이나 이유'를 말한다. 무슨 일이든 명분이 없으면, 사람들의 신뢰와 동의를 얻지 못하고, 대부분 그저 욕심으로 행하는 형국이 된다. 이익을 앞세운, 의리가 없는 말은 영향력이 없다.

사람들의 행동을 이끌어내지 못하는 말로는 아무런 일도 이룰 수 없다. 결국 일은 사람이 하는 것이고, 사람을 움직이는 것은 명확한 명분이다.

쓸데없는 사람이 되지 마라

誦詩三百, 授之以政, 不達.
송 시 삼 백 　 수 지 이 정 　 부 달

使於四方, 不能專對. 雖多, 亦奚以爲?
사 어 사 방 　 불 능 전 대 　 수 다 　 역 해 이 위

《시경》의 시 300편을 다 외웠어도 정치의 임무를 처리하지 못하고,
사신의 임무를 받고 사방으로 나가 독자적으로 응대하지 못한다면,
비록 시를 많이 외웠더라도 무엇에 쓸 수 있을 것인가?

　　춘추 시대의 《시경》은 관리들, 특히 외교업무를 맡은 사람들에게
는 필수적으로 깨우쳐 하는 경전이었다. 다른 나라와의 외교에서
시경의 일부를 암송하는 방식으로 말을 대신하는 경우가 많았기 때
문이다.
　　공자는 이때 공부의 활용, 실용성을 강조했다. 아무리 경전을 달
달 외우는 재주를 가졌다고 하더라도, 실제로 일을 맡았을 때 제대로
해내지 못한다면 헛된 공부를 한 것이다. 공부의 목적은 결국 써먹기
위해서다. 사회생활에서 효용이 없는 공부는 아무런 쓸모가 없다.

먼저 바르게 해야 다스려진다

其身正, 不令而行, 其身不正, 雖令不從.
기 신 정   불 령 이 행   기 신 부 정   수 령 부 종

그 몸이 바르면 명령하지 않아도 행해질 것이고,
그 몸이 바르지 않으면 비록 명령하더라도 따르지 않을 것이다.

　사람들은 명령을 내리는 리더의 입을 바라보기보다는 그의 행동을
본다. 리더의 행동이 이치에 맞고 정당하면 명령이 없더라도 그 행동
을 따른다. 하지만 리더의 행실이 바르지 않으면 여러 번 명령을 내
려도 절대 따르지 않을 것이다.

　사람은 행동을 따르지, 말을 따르지 않는다. 다스린다는 것은 잔머
리를 굴려서 체계를 만들고 권위를 세우는 것이 아니다. 진정한 다스
림은 먼저 스스로 바르게 하는 것이다.

현실적인 문제는 중요하다

冉有曰 : 旣庶矣, 又何加焉? 子曰 : 富之.
염 유 왈　기 시 의　우 하 가 언　자 왈　부 지

冉有曰 : 旣富矣, 又何加焉? 子曰 : 敎之.
염 유 왈　기 부 의　우 하 가 언　자 왈　교 지

염유 : 이미 사람이 많으면 또 어떤 것을 더해야 하는지요?

공자 : 그들을 부유하게 해줘야 한다.

염유 : 이미 부유하다면 또 어떤 것을 더해야 하는지요?

공자 : 그들을 가르쳐야 한다.

공자가 염유와 함께 위나라에 갔을 때 공자는 위나라의 엄청난 인구수에 감탄했다. 이후 염유와 공자가 나눈 대화이다.

흔히들 공자에 대해서는, 고리타분하게 예의나 따지고 현실 문제에 어두운 사람인 것처럼 생각하곤 한다. 하지만 공자는 지극히 현실적이었다. 먹고사는 문제를 결코 등한시하지 않았다. 국가의 부강을 위해서는 필히 인구가 늘어야 하고, 그들을 부유하게 해줘야 하며, 그이후에는 가르쳐야 한다는 점을 이야기하고 있다. 형편이 넉넉해도 가르침을 받지 않으면 길을 잃는다. 허나 먹고 사는 문제가 해결되지 않으면 가르칠 수조차 없다. 현실적인 문제도 중요하다.

리더는 한마디 말이라도 신중히 해야 한다

爲君難, 爲臣不易.
위 군 난   위 신 불 이

如知爲君之難也, 不幾乎一言而興邦乎?
여 지 위 군 지 난 야   불 기 호 일 언 이 흥 방 호

임금 노릇도 어렵고, 신하 노릇도 쉽지 않다.

만일 임금 되기가 어렵다는 것을 안다면,

한마디 말로 나라의 흥함을 기대할 수 있지 않겠는가?

　　조직을 이끄는 리더의 말은 그 무게가 가볍지 않다. 한마디 말로 그 조직이 흥하기도 하고 망하기도 한다. 따뜻한 몇 마디의 말로 사람들의 마음을 얻을 수도 있고, 소홀한 몇 마디의 말로 사람들의 마음을 잃을 수도 있기 때문이다.

　　리더에게 올곧은 권위가 있는 상태에서 그가 하는 말이 옳다면 아무런 문제가 없을 것이다. 하지만 그의 말이 옳지 않은데도 권위 때문에 그 말을 거스를 수 없다면 한마디 말에도 조직이 흔들릴 것은 자명하다.

가까이 있는 사람들의 표정을 보라

近者說, 遠者來.
근 자 열   원 자 래

가까이 있는 자들이 기뻐하고,
멀리 있는 자들이 찾아오도록 하는 것이 좋은 정치다.

섭공이 공자에게 정치에 대해 묻고, 공자가 답한 말이다.

어떤 조직이 잘 다스려지는지는 리더의 옆에 있는 사람들의 표정을 보면 알 수 있다. 가까이 있는 사람들이 기뻐하고 있다면 분명히 잘 다스려지고 있는 것이다. 아무리 좋은 이미지로 포장하고 홍보한다고 하더라도 측근들이 불행하다면 그 조직에는 분명히 문제가 있다. 리더와 함께 하는 사람들이 혜택을 입어 기뻐하고 있다면, 그 소문을 듣고 외부에 있는 사람들도 기꺼이 찾아올 것이다.

공손함, 신중함, 충성스러움이 인(仁)의 근본이다

居處恭, 執事敬, 與人忠.
거 처 공   집 사 경   여 인 충

일상생활에서 행동을 공손하게 하라.
일을 맡아 처리할 때는 신중하게 하라.
사람들과 사귐에 충성을 다하라.

번지가 인(仁)에 대해 묻고, 공자가 답한 말이다.

평소 생활 속에서 몸가짐을 공손하게 하는 것이 인(仁)을 행하는 방법이다. 허례허식에 빠지란 말이 아니라, 소박하게 행동하되 자신에 대한 절제를 잃지 말라는 것이다.

어떤 일을 맡았을 때는 몸가짐과 언행을 조심하면서 신중하게 처리해야 한다. 그렇지 않으면 가진 권력을 남용하거나, 거만해지기 쉽다.

사람들과 사귈 때 충성을 다하라는 것은 마음의 중심을 잡고 어느 한쪽에 치우치지 말라는 말이다. 사람을 공평하게, 정성을 다해 대하라는 말이다.

기개와 절제를 동시에 갖춰라

行己有恥, 使於四方, 不辱君命, 可謂士矣.
행 기 유 치   사 어 사 방   불 욕 군 명   가 위 사 의

자기 행동에 부끄러움을 느끼고,
다른 나라에 사신으로 파견되어 임금의 명을 욕되게 하지 않는다면,
선비라 할 수 있다.

자공이 선비의 길을 묻자, 이에 공자가 답한 말이다. 자기 행동에
부끄러움을 느낀다는 것은 부끄러울 만한 일은 하지 않는다는 것이
다. 이익에 눈이 멀어 달려드는 것이 아니라, 원칙과 지조를 바탕으로
행동하는 것이다. 즉, 행동을 절제할 수 있는 자가 선비라는 의미다.

또한, 춘추 시대에 사신으로 파견된다는 것은 목숨을 걸고 하는 일
이었다. 자칫 혀를 잘못 놀리면 그 자리에서 죽임을 당할 수 있고, 국
가 간의 관계를 악화시켜 전쟁으로 이어질 수도 있는 중대한 일이었
다. 자국의 자존심을 지키면서도 상대와의 협상을 해내는 기개가 필
요했다.

자공이 워낙 말을 잘했기 때문에 공자가 말재주만으로 협상하는
것이 아니라 기개가 필요함을 강조한 것이다.

중도를 행하는 사람은 얻기 어렵다

不得中行而與之, 必也狂狷乎.
부 득 중 행 이 여 지   필 야 광 견 호

狂者進取, 狷者有所不爲也.
광 자 진 취   견 자 유 소 불 위 야

중도를 행하는 사람을 얻지 못해 함께 할 수 없다면
필연적으로 과격한 자나 고집스러운 자와 함께 할 것이다.
과격한 자는 (일반적인 규범을 깨면서) 진취적이고,
고집스러운 자는 (지조가 있어) 하지 않는 것이 있다.

완전히 중도를 행하는 사람, 성정이 중용을 이룬 사람을 만나기는 쉽지 않다. 공자의 주변에는 많은 제자가 있었지만, 공자는 안연을 제외하고는 제자들의 부족함을 안타까워하며 가르쳤다.

중도를 행하지는 못하더라도 함께 할 만한 사람에 대해서 공자는 둘로 나누어 말했다. 먼저, 진취적인 기상을 가진 사람은 보통 사람보다 용감하고 저돌적이다. 일반적인 인식의 한계를 깰 수 있다. 과감하게 새로운 영역을 개척하는 힘을 갖고 있는 것이다. 또, 지조와 원칙이 있어 고집스러운 사람은 남들이 이익 앞에 무릎 꿇을 때 올바른 원칙을 지켜낸다.

무조건 좋다고 따르는 자를 경계하라

君子, 和而不同. 小人, 同而不和.
군자 화이부동 소인 동이불화

군자는 조화롭게 어울리되 아부하지 않는다.
소인은 아부하되 조화롭게 어울리지 못한다.

군자는 상대의 비위를 맞추기 위해서 무조건 좋다고 따르지 않는다. 상대의 의견이 이치에 맞으면 긍정하지만, 잘못된 점이 있다고 생각하면 명확하게 말하고 바로잡으려 한다. 모두를 공정하게 대우하고, 합리적으로 다른 사람과 융화하는 것이다. 이를 두고 '조화롭게 어울린다'고 하는 것이다.

소인은 이익을 따르기 때문에 옳고 그름을 따지지 않는다. 그저 상대의 안색만을 살피며 아부할 뿐이다. 자신의 진짜 의견을 말하지 않고, 가짜 웃음으로 상대의 의견에 동조할 뿐이다.

평판보다는 그 실상을 파악하라

子貢曰 : 鄕人皆好之, 何如? 子曰 : 未可也.
자공왈   향인개호지 하여   자왈   미가야

子貢曰 : 鄕人皆惡之, 何如?
자공왈   향인개오지 하여

子曰 : 未可也. 不如鄕人之善者好之, 其不善者惡之.
자왈   미가야   불여향인지선자호지   기불선자오지

자공 : 고을 사람들이 모두 그를 좋아하면 어떻습니까?

공자 : 좋은 사람일 수 없다.

자공 : 고을 사람들이 모두 그를 미워하면 어떻습니까?

공자 : 나쁜 사람일 수 없다. 고을 사람 중 선한 사람이 좋아하고, 악한 사람
       이 싫어하는 것만 같지 못하다.

　

어떤 사람이 모든 이에게 좋은 사람이라는 칭찬을 듣는다면 경계
해야 한다. 정말 좋은 사람이라면 악한 사람들에게는 미움을 받을 것
이다. 그런데 악한 사람들에게조차 좋은 사람이라는 평을 듣는다면,
그들의 환심을 사기 위해 뜻을 굽혔다는 말이다.

반대로 모든 이에게 나쁜 사람이라고 욕을 먹고 있다면 그 또한 의
심해야 한다. 악한 사람들이 좋아하지 않는다면 도덕적인 원칙이 뚜
렷한 좋은 사람일 수 있다. 정말 나쁜 사람일 수 없는 것이다.

군자를 기쁘게 하기 어려운 이유

君子易事而難說也, 說之不以道, 不說也.
군 자 이 사 이 난 열 야   열 지 불 이 도   불 열 야

及其使人也, 器之.
급 기 사 인 야   기 지

小人難事而易說也, 說之雖不以道, 說也.
소 인 난 사 이 이 열 야   열 지 수 불 이 도   열 야

及其使人也, 求備焉.
급 기 사 인 야   구 비 언

군자는 섬기기 쉽지만, 기쁘게 하기는 어렵다.

순리에 어긋나는 방법으로 비위를 맞추면 기뻐하지 않는다.

하지만 사람을 부릴 때는 (너그럽게) 그 사람의 그릇에 맞게 한다.

소인은 기쁘게 하기는 쉽지만, 섬기기는 어렵다.

비록 순리에 어긋나는 방법으로 비위를 맞춰도 기뻐한다.

하지만 사람을 부릴 때는 (너그러움이 없이) 필요한 재주를 갖추길 원한다.

군자는 마음이 공평하며, 사람의 능력 밖의 일을 요구하지 않는다. 그 능력을 가늠하여 적재적소에 배치한다. 따라서 기쁘게 하기는 어렵지만 섬기기는 쉽다.

소인은 마음이 사사롭게 기울어져 있어, 아첨을 좋아하고 자신의 요구가 먼저다. 따라서 기쁘게 하기는 쉽지만 섬기기는 어렵다.

내면이 가득 찬 사람이 되어라

君子, 泰而不驕, 小人, 驕而不泰.
군 자 태 이 불 교 소 인 교 이 불 태

군자는 태연하고 교만하지 않다.
소인은 교만하고 태연하지 못하다.

군자는 이치를 따르고, 의로운 말과 행동을 한다. 그래서 항상 당당하고 마음이 평안하다. 자신뿐만 아니라 다른 사람의 처지 또한 헤아릴 줄 알기에 교만하지 않다. 소인은 이익을 얻기 위해 양심을 거스르는 말과 행동을 한다. 그래서 그것이 들통나지는 않을까 노심초사하고, 매사에 당당하지 못하다. 태연할 수 없는 것이다. 돈이나 지위 같은 잣대로 사람을 평가하기 때문에 그런 것을 자신이 가졌을 때는 교만해지고, 가지지 못했을 때는 열등감 때문에 마음이 편치 못하다.

강직함을 가까이하라

剛毅木訥, 近仁.
강 의 목 눌   근 인

강직하고, 용맹스럽고, 질박하고, 입이 무거우면 인(仁)에 가깝다.

　강직하다는 것은 '의지가 굳세고 곧다'는 말이다. 강직하면 환경이
나 조건 때문에 자신의 의지를 굽히지 않는다. 용맹하면 행동이 과감
하다. 옳다고 믿는 일을 하는 데 머뭇거리며 시간을 낭비하지 않는
다. 질박하다는 것은 '겉으로 꾸밈이 없고 사치스럽지 않다'는 말이
다. 질박하면 물질에 대한 욕심이나 집착 때문에 신세를 그르치지 않
는다. 이익에 눈이 멀어 의리를 멀리하지 않는다. 입만 나불거리는
사람보다는 입은 무겁고 행동은 빠른 사람이 인(仁)을 이룰 수 있다.

간곡하게 선으로 이끌어라

切切偲偲, 怡怡如也, 可謂士矣.
절 절 시 시   이 이 여 야   가 위 사 의

朋友切切偲偲, 兄弟怡怡.
붕 우 절 절 시 시   형 제 이 이

지극히 간절하게 선을 권하고 격려하며,
온화한 태도를 가져야 선비라 할 만하다.
친구에게는 지극히 간절하게 선을 권하고 격려하고,
형제에게는 온화한 태도를 가져라.

자로가 '어떻게 해야 선비라 할 수 있을지'에 대해 묻자, 공자가 답한 말이다.

여기서 '선비'는 인(仁)에 가까운 사람을 말한다. 선비에게 친구란 서로의 인(仁)을 더해주는 관계, 도의로 맺어진 사이다. 따라서 친구가 어긋난 길을 가고 있다면 간절하게 책망하고 타일러 그가 행실을 바로잡도록 도와주어야 한다. 형제는 천륜으로 맺어진 관계다. 형제에게는 평소 부드럽고 온화한 태도로 대해야 한다.

其身正, 不令而行,
기 신 정　 불 령 이 행

其身不正, 雖令不從.
기 신 부 정　 수 령 부 종

그 몸이 바르면

명령하지 않아도 행해질 것이고,

그 몸이 바르지 않으면

비록 명령하더라도 따르지 않을 것이다.

군자의 덕을 갖추려면

헌문 憲問

논어의 열네 번째 편으로, 원문은 46장이다.
주로 군자가 갖추어야 할 덕에 관해 이야기하고 있으며,
특히 '見利思義 見危授命(견리사의 견위수명,
이익을 보면 의로움을 생각하고 위태로움을 보면 목숨을 바쳐라)'이라는
말이 유명하다.

잘못하지 않기보다 선을 실천하라

憲問 : 克, 伐, 怨, 欲, 不行焉, 可以爲仁矣?
헌문 극 벌 원 욕 불행언 가이위인의

子曰 : 可以爲難矣, 仁則吾不知也.
자왈 가이위난의 인즉오부지야

원헌 : 이기는 것을 좋아하고, 스스로 자랑하고, 없는 것을 한탄하며 남을 원
망하고, 남이 가진 것을 탐내는 이 모든 것을 하지 않으면 인(仁)이라
고 할 수 있습니까?

공자 : 그렇게 하기는 어렵다고 말할 수 있다. 하지만 인(仁)이라 할 수 있을
지는 모르겠다.

원헌이 부정적인 마음의 작용을 억제할 수 있으면, 그것을 인(仁)이
라고 할 수 있는 것이 아닌지 공자에게 물었다. 공자는 그런 감정과
욕망을 억누르는 것 자체는 쉽지 않은 일이지만, 그것만으로는 인(仁)
이라 말하기 어렵다고 대답했다. 욕심을 제어해야 한다는 것은 사실
그 근원을 제거하지 못했다는 의미다. 욕망은 억눌려 있다가 언젠가
는 터져 나올 수 있다. 적극적으로 인(仁)을 구하고 실천해야지, 인(仁)
하지 않은 행동을 금지하고 피하기만 하는 소극적인 방식으로는 인
격의 성숙을 이룰 수 없다.

편안함만을 탐하지 마라

士而懷居, 不足以爲士矣.
사 이 회 기 부 족 이 위 사 의

선비가 안락함만을 그리워하면
선비라 말하기에 부족하다.

몸과 마음의 편안함만을 생각하면 이익에 현혹되기 쉽다. 마음을 갈고닦으며 학문에 정진하기보다 쉽고 빠르게 돈을 버는 것에 집중한다. 의리와 이익 중에서 이익을 선택하고, 해야 할 소명과 하고 싶은 것 중에서 항상 하고 싶은 것만을 선택한다.

선비는 남다른 큰 뜻을 품은 자다. 세상 사람들이 부귀영화를 추구할 때 인간의 도리를 밝히려 노력한다. 모두가 일신의 편안함을 선택할 때 자신의 수고로 모든 이의 의식이 성장할 수 있는 길을 택한다.

근본이 있어야 말단이 있다

有德者必有言 , 有言者不必有德 .
유 덕 자 필 유 언   유 언 자 불 필 유 덕
仁者必有勇, 勇者不必有仁.
인 자 필 유 용   용 자 불 필 유 인

덕이 있는 사람은 반드시 가르침이 있는 말을 하지만,
가르침이 있는 말을 하는 사람이라고 반드시 덕이 있는 것은 아니다.
인(仁)한 사람은 반드시 용기가 있지만,
용기가 있는 사람이라고 반드시 인(仁)한 사람은 아니다.

덕이 있는 사람은 평소의 깨달음과 온화한 성품이 말에 묻어 나온다. 그래서 사람들에게 가르침을 주는 말을 할 수 있다. 하지만 그런 말을 하는 사람이 모두 덕 있는 사람은 아니다. 입으로 흉내만 내는 사람도 있다. 인(仁)한 사람은 마음속에 사랑이 있기에 다른 사람을 위해 언제나 용기 있는 행동을 할 수 있다. 하지만 겉으로 보기에 용맹한 사람이라고 해서 마음속에 다른 이에 대한 사랑이 있는 것은 아니다.

덕과 인은 근본이고, 가르침의 말과 용기는 말단이다. 근본이 있어야 말단이 있을 수 있다. 말단만 갖췄다고 해서 저절로 근본이 있는 것은 아니다.

사랑한다면 가르쳐라

愛之, 能勿勞乎? 忠焉, 能勿誨乎?
애 지 능 물 로 호 충 언 능 물 회 호

사랑한다고 해서 (자식을) 수고롭게 하지 않을 수 있겠는가?
충성한다고 해서 (임금에게) 가르쳐주지 않을 수 있겠는가?

감싸기만 하는 것이 사랑은 아니다. 특히 자식을 사랑한다면 언제까지나 감싸고 돌지 말고, 세상에 쓸모 있는 사람이 될 수 있도록 단련시켜야 한다. 편안함만을 주지 말고, 한계를 극복할 수 있도록 수고롭게 해야 한다. 그것이 훨씬 더 깊고 큰 사랑이다.

누군가에게 충성을 다한다고 해서 잘못된 점이 있어도 간언하지 않고 아첨만 한다면, 그것은 정말로 그를 위하는 일이 아니다. 그를 받들면서도 깨우쳐주는 것이 더 큰 충성이다.

원망과 교만을 멀리하라

貧而無怨, 難, 富而無驕, 易.
빈 이 무 원   난   부 이 무 교   이

가난하면서 남을 원망하는 마음이 없기는 어렵다.
하지만 부유하면서 교만함이 없기는 어렵지 않다.

가난하면 마음속에 원망이 쌓인다. 가난하게 살고 싶어서 태어난
것이 아닌데, 가난 때문에 하고 싶은 것을 하지 못하고, 삶이 고단하
다 느끼면 자연스럽게 원망하는 마음이 생긴다. 따라서 물질이 부족
한데 선한 마음을 지키는 것은 지극히 어려운 일이다.

마찬가지로 부유해도 선한 마음을 지키기 어려운 면이 있다. 돈이
면 어지간한 일이 다 된다. 가난한 사람들이 살아가는 모습을 보며
우월감을 느끼고 교만해질 수 있다.

남을 원망하는 것이나 교만함에 빠지는 것 모두 경계해야 한다. 하
지만 부유한 환경에서 생활하면 몸과 마음이 풍요롭고 대체로 행복
한 편이다. 그래서 부유하면서 교만에 빠지지 않는 것이 가난하면서
원망에 빠지지 않는 것보다는 비교적 쉬운 일이다.

의로움을 중히 여기라

見利思義, 見危授命, 久要不忘平生之言.
견리사의 견위수명 구요불망평생지언

이익을 보면 의로움을 생각하라.
위태로움을 보면 목숨을 바쳐라.
오래전 약속이라도 잊지 말라.

공자와 자로가 완전한 사람에 대해 나눈 대화 중 일부이다. 안중근 의사가 이 부분을 인용한 것으로 더욱 유명해진 말이기도 하다.

이익 앞에서는 그것의 정당성을 생각해야 한다. '개같이 벌어서 정승같이 쓴다'는 말도 있지만, 누구라도 정의롭지 않은 방식으로 돈을 벌면 안 된다. 이익 앞에서는 '올바름'보다는 '욕심'의 힘이 더 세진다. 그럴 때는 잠깐 심호흡을 하고 순리에 맞는 것인지, 의롭지 않은 것은 아닌지 스스로 검증해보아야 한다. 이것이 '의(義)'에 대한 것이다.

자기가 속한 공동체가 위기에 처해 있을 때 목숨을 바쳐서라도 지켜내야 하는 것은 '충(忠)'이다. 오래된 약속도 잊지 않는 것은 '신(信)'이다. 의롭고, 충성스럽고, 믿음을 주는 사람이 완전한 사람에 가까운 것이다.

하찮은 절개에 목숨 걸지 마라

豈若匹夫匹婦之爲諒也, 自經於溝瀆, 而莫之知也.
기 약 필 부 필 부 지 위 량 야   자 경 어 구 독   이 막 지 지 아

어찌 보통 사람들이 하찮은 절개를 지키려고,

스스로 구덩이에서 목매어 죽어

아무도 알지 못하는 것과 (관중의 선택을) 비교할 수 있겠는가?

관중은 춘추 시대 제나라의 재상으로, 제나라가 패자가 되도록 제환공을 도왔다. 관중은 원래 환공의 동생, 공자 규를 섬기면서 제환공과 권력다툼을 했으나, 규가 죽은 뒤에는 환공을 섬겼다. 이에 자공이 관중이 인(仁)하지 않다고 비난하는 것을 두고 공자가 한 말이다. 공자는 관중이 규와의 사사로운 의리에 목숨 걸지 않고, 대의를 위해 살아남아 패업을 이룬 것을 칭찬했다. 관중은 조세개혁, 중상주의 정책 등을 통해 제나라를 부유하게 했고, 주나라 천자를 중심으로 당시 국제정세를 재편했다.

공자는 사소한 믿음이나 하찮은 절개보다 빛나는 업적을 남겨 많은 사람에게 혜택을 준 것이 더 큰마음이라는 점을 강조했다. 공자의 현실주의적인 면을 엿볼 수 있는 말이다.

큰소리치는 자는 실속이 없다

其言之不怍, 則爲之也難.
기 언 지 부 작   즉 위 지 야 난

큰소리치고 부끄러워하지 않으면
그것을 실천하기 어렵다

무슨 일이든 큰소리치는 사람은 경계해야 한다. 큰소리친 것만큼
행동할 뜻이 없는 경우가 많기 때문이다. 말한 것을 실천하지 않고도
부끄러워하지 않는다. 호언장담(豪言壯談)하는 사람은 스스로 그 일을
할 수 있을지, 그렇지 않을지 충분히 헤아리지 않는 것이다. 정말로
말한 것을 실행해내는 사람은 쉽사리 큰 약속을 하지 않는다. 자신의
능력과 일을 해낼 가능성을 충분히 생각하고, 신중하게 말하는 사람
이 정말로 일을 해내는 사람이다.

속이지 말고 말하라

勿欺也, 而犯之.
물 기 야   이 범 지

(임금을) 속이지 마라.
싫은 안색을 해도 맞대고 간하라.

자로가 임금을 섬기는 도리에 대해 묻고, 공자가 답한 말이다.

윗사람의 잘못을 알면서도 그것을 고치라고 말하지 않는다면 그를 속이는 것과 다름없다. 문제가 있으면 있다고 말해야 한다. 아부의 장막에 둘러싸이면 현명한 사람도 판단력이 흐려질 수 있다. 리더의 판단력을 날카롭게 유지해주는 것이 따르는 사람의 도리다.

직언하면 윗사람은 기분이 좋지 않을 수 있다. 하지만 필요할 때는 어려운 점이 있더라도 정확히 말해야 한다. 이 말은 윗사람을 모시는 근본정신에 대해 짚은 것이지, 시도 때도 없이 직언하라는 방법론을 제시한 말이 아니라는 점을 명심하자.

날마다 성장하라

君子上達, 小人下達.
군 자 상 달   소 인 하 달

군자는 위로 통달하고,
소인은 밑바닥을 향해 추락한다.

사람은 누구나 오랫동안 생각하고, 되기 위해 힘쓰는 그 모습이 되어간다.

군자는 순리에 맞는 것, 의로운 것을 생각한다. 그리고 그 올바른 가치에 맞게 말하고 행동하기 위해 힘쓴다. 그래서 매일매일 인간의 도리를 향해 나아간다.

하지만 소인은 경제적인 이익이나 자기 한 몸의 편안함만을 생각하고, 그것에 힘쓴다. 물질적인 성취 속에서 인간의 도리를 추구하는 마음은 사라진다. 날마다 밑바닥으로 추락해가는 것이다.

자기를 위하는 배움이
결국 남을 위하는 길이다

古之學者爲己, 今之學者爲人.
고 지 학 자 위 기   금 지 학 자 위 인

예선 배우는 자들은 자기를 위했는데,
요즘 배우는 자들은 남을 위한다.

'자기를 위한다'는 것은 공부의 목적이 자신의 도덕성을 높이는 데 있는 것이다. 내면을 향한 공부다. 자신의 마음을 닦는 것에 공부의 중심을 두면, 자신이 성장하는 것은 물론, 다른 사람들을 위하게 되어 주변에 좋은 영향을 미친다.

'남을 위한다'는 것은 공부의 목적이 남에게 알려지는 데 있는 것이다. 내면이 아닌 바깥을 향한 공부다. 남에게 알려지는 것에 공부의 중심을 두면, 내면이 공허해지고 결국 자기를 잃는다. 남에게도 도움이 되지 않는다.

위기지학(爲己之學), 자신을 위하는 배움이 결국 남을 위하는 길이다.

말과 행동을 일치하게 하라

君子恥其言而過其行.
군 자 치 기 언 이 과 기 행

군자는 말이 행동보다 앞서는 것을 부끄러워한다.

부끄러움을 느끼는 것에서도 그 사람의 수준이 드러난다. 사회적인 편견, 돈, 지위, 명예 따위는 소인이 부끄러움을 느끼는 잣대다. 군자가 부끄럽게 여기는 기준은 양심, 도덕과 같은 내면에 관한 것이다.

말과 행동은 모두 마음에서 비롯한다. 말과 행동이 일치하지 않는 이유는 곧 마음이 일관되지 않아서다. 군자는 자신의 마음이 한결같지 않고 시시때때로 외부 환경에 따라, 이익에 따라 변하는 것을 크게 경계한다. 그래서 말이 행동보다 앞서고, 말과 행동이 달라지는 것을 부끄러워하는 것이다.

남과 비교할 시간에 자신을 갈고닦아라

子貢方人.
자공방인

子曰 : 賜也賢乎哉? 夫我則不暇.
자왈 사야현호재 부아즉불가

자공이 다른 사람들을 비교했다.

공자 : 사(자공)야, 너는 어질더냐? 나는 그럴 여가가 없구나.

　다른 이들의 장단점을 비교하는 자공에게 공자가 먼저 자신을 잘 갈고닦으라고 주의를 주는 말이다.

　다른 사람의 인물됨을 비교하고 논평하는 것은 나의 배움을 위해 때때로 필요하다. 그 사람의 장점은 취하고, 단점은 나에게 없는지 돌아보면서 교훈을 얻을 수 있기 때문이다. 하지만 자기의 성장을 위해 노력하지 않고, 오직 마음을 산란하게 하면서 남에 대한 평가만 일삼는 것은 경계해야 한다. 남과 비교할 그 시간에 자신을 돌아보고, 다스리는 일에 매진하는 것이 낫다.

의심하지 말고 속지도 마라

不逆詐, 不億不信, 抑亦先覺者, 是賢乎.
불 역 사   불 억 불 신   억 역 선 각 자   시 현 호

다른 사람이 자신을 속일 것이라고 넘겨짚지 말라.

다른 사람이 자신을 믿지 않을 것이라고 억측하지 말라.

넘겨짚거나 억측하지 않더라도 (상대의 의도를) 먼저 깨닫는 사람이 바로 현
명한 사람이다.

군자가 다른 사람을 대할 때 바탕이 되는 마음은 믿음이다. 상대가
자신을 속일 것이라고 넘겨짚거나, 자기를 믿지 않을 것이라고 억측
하지 않는다. 마치 어리석은 사람처럼 다른 사람의 선한 본성에 의지
하고 신뢰를 준다.

그렇다고 상대의 좋지 않은 의도를 눈치채지 못하는 바보가 되어
서는 곤란하다. 속임을 당할 정도로 무턱대고 사람을 믿는 것은 현명
한 행동이 아니다. 사람을 믿고 의심하지 않더라도 제대로 보는 밝은
눈은 가지고 있어야 한다.

능력보다는 덕이 칭찬받는다

驥不稱其力, 稱其德也.
기 불 칭 기 력   칭 기 덕 야

천리마가 칭찬받는 것은 그 힘이 아니라 그 덕성이다.

천 리를 지치지 않고 달리는 말이라 하더라도 사람의 말을 듣지 않으면 아무 소용이 없다. 야생마처럼 미친 듯이 펄쩍펄쩍 뛰어다니기만 한다면, 아무리 힘이 좋아도 칭찬받지 못한다. 말은 성격이 온순하고, 무거운 짐도 들어주고, 때로는 사람을 태우고 잘 달리기도 해야 칭찬받을 수 있다.

힘만 세다고 좋은 말이 아니라, 사람들에게 도움이 되는 덕성을 지녀야 좋은 말이다. 사람도 능력만 뛰어난 것보다는 덕이 있어야 어디에서든 환영받는다.

원한과 덕을 갚는 방법

以直報怨, 以德報德.
이 직 보 원   이 덕 보 덕

공정하고 정직한 것으로 원한을 갚고,
덕으로 덕을 갚아라.

부당하게 나를 미워하고 원망하며 잘못을 저지르는 상대에게 무턱대고 은혜를 베풀 수는 없다. 그것은 중용과 공정함에서 벗어나는 처사다. 그 사람을 위해서도 좋지 않은 일이 될 수 있다. '눈에는 눈, 이에는 이'라는 식으로 상대의 잘못을 똑같이 잘못으로 갚으라는 말이 아니다. 어떤 상황에서도 사사로움이 없이 공정하게, 정직하게 대하라는 것이다. 그래야 상대도 허물을 깨달을 수 있다.

나에게 은덕을 베푼 사람에게는 반드시 은덕으로 갚아야 한다. 그리고 은혜를 잊어서는 안 된다.

무엇보다 몸 닦기에 힘쓰라

修己以敬. 修己以安人. 修己以安百姓.
수 기 이 경 　　수 기 이 안 인 　　수 기 이 안 백 성

자기 몸을 수양하여 공경을 다해 맡은 일을 하라.
자기 몸을 수양하여 주변 사람들을 편안하게 하라.
자기 몸을 수양하여 천하의 백성을 편안하게 하라.

자로가 군자에 대해 묻고, 공자가 답한 말이다.

윗자리에 앉은 사람은 지식과 능력도 갖추고 있어야 하지만, 무엇보다 덕이 있어야 한다. 덕은 자신을 닦는 것에서 비롯한다. '자기 몸을 수양한다'는 것은 정성스러운 뜻을 가지고, 마음을 바르게 하는 것이다. 아무리 재주가 많다고 하더라도 이러한 마음을 갖고 있지 않으면, 자기 자신뿐만 아니라 주변 사람들을 편안하게 하지 못한다. 덕이 본질이고 재주는 말단이다.

抑亦先覺者, 是賢乎.

억 역 선 각 자　시 현 호

상대의 의도를 먼저 깨닫는 사람이

바로 현명한 사람이다.

군자의 도리를 깨우치려면

위령공 衛靈公

논어의 열다섯 번째 편으로, 원문은 41장이다.
'위령공(衛靈公)'은 공자에게 진법에 대해 물은 위나라의 영공이다.
현실적인 군사 분야의 조언을 기대한 위령공과
예의와 도덕을 중시한 공자는 함께 할 수 없었다.
이 편에는 군자란 어떠해야 하는지에 대한
공자의 생각과 교육, 정치사상 등이 잘 나와 있다.

고난을 당했을 때
그 사람의 그릇이 드러난다

君子固窮, 小人窮斯濫矣.
군 자 고 궁   소 인 궁 사 람 의

군자도 곤궁해지기 마련이다.
소인은 곤궁해지면 별의별 짓을 다 한다.

공자가 제자들을 이끌고 위나라를 떠나 진(陳)나라로 향했을 적에 양식이 떨어져, 제자들이 병들어 일어나지 못한 일이 있었다. 이때 성격 급한 자로가 공자에게 와서 '군자도 이렇게 곤궁해질 수 있는 것이냐, 그게 이치에 맞는 것이냐'고 따졌다.

이에 공자는 '군자도 어려움에 처할 때가 있는데 그렇다고 그릇된 짓을 하지는 않는다. 하지만 소인은 행동이 넘쳐 별의별 짓을 다 한다'고 충고했다. 군자는 어려움에 처해서도 원망이 없어야 하는데, 한때의 어려움을 참지 못하고 원망하는 자로를 타이른 말이다.

외우지 말고 이치를 깨우쳐라

一以貫之.
일 이 관 지

하나의 원리로 모든 것을 꿰뚫는다

공자의 제자 중 자공은 공부를 많이 하고, 배운 것을 잊지 않고 기억하는 데 재주가 있었다. 공자는 자공에게 자신이 배움에 특출한 것이 아니라 기본적인 이치를 깨달아, 모든 것을 꿰뚫었다고 말했다.

공부는 근본 이치를 깨달아 자신의 생각을 정립해가는 것이다. 경전이나 교과서를 금과옥조(金科玉條)로 여기고 앵무새처럼 달달 외우는 것이 아니다. 자신만의 생각을 생산해내는 것이 정신적인 자유를 얻는 길이다. 남의 생각을 외우기만 해서는 결코 자유로워질 수 없다.

말과 행동을 하는 정도

言忠信, 行篤敬.
언 충 신   행 독 경

말은 충성스럽고 믿음이 가게 하라.
행동은 진심으로 신중하게 하라.

자장이 임금의 명령이 시행되는 원리에 대해 묻자, 공자가 답한 말
이다.

말에는 무게가 있다. 그 무게는 말하는 사람에 달려 있다. 어떤 무
게감을 가진 사람이 하는 말이냐에 따라 사람들이 따를지, 그렇지 않
을지가 결정된다.

말에 진심이 없고 상대에게 믿음을 주지 않으면, 남은 물론이고 가
족에게조차 외면당한다. 행동이 절제되지 못하고 경박하면, 다른 사
람을 이끌 수 없다. 말은 충성과 믿음으로 하고 행동을 신중하게 하
면, 어디서든 가치 있는 사람이 된다. 그리고 그의 말은 그만큼의 무
게를 가진다.

더불어 대화할 만한 사람을 구분하라

可與言而不與之言, 失人.
가 여 언 이 불 여 지 언   실 인

不可與言而與之言, 失言.
불 가 여 언 이 여 지 언   실 언

知者不失人, 亦不失言.
지 자 불 실 인   역 불 실 언

더불어 대화할 만한데 같이 말하지 않으면 사람을 잃는다.

더불어 대화할 만하지 않은데 같이 말하면 말을 잃는다.

지혜로운 사람은 사람도, 말도 잃지 않는다.

'더불어 대화할 만하다'는 것은 대화의 주제나 관심사가 비슷하다는 것만을 뜻하진 않는다. 그보다는 가치관과 의식의 수준이 비슷하다는 이야기에 가깝다. 공자 입장에서는 '함께 도(道)를 논할 만하다'는 의미에 가깝다. 가치관과 의식 수준이 비슷한 사람과 대화할 기회를 놓치면, 곧 좋은 벗을 잃는 것과 다름없다.

생각의 결이 다르고, 수준에 맞지 않는 사람과 대화하면 시간만 낭비할 수 있다. 말이 오가더라도 그 말이 공허하다. 말을 잃는 것이다. 지혜로운 사람은 대화의 상대를 잘 파악해 사람도, 말도 잃지 않는 대화를 한다.

주변에 어떤 이가 있는지도 중요하다

工欲善其事, 必先利其器.
공 욕 선 기 사   필 선 리 기 기
居是邦也, 事其大夫之賢者, 友其士之仁者.
거 시 방 야   사 기 대 부 지 현 자   우 기 사 지 인 자

장인이 일을 잘하려면, 반드시 먼저 도구를 날카롭게 한다.
어느 나라에 살든 대부 중 현명한 이를 섬기고,
선비 중 인(仁)한 이를 벗삼아라.

자공이 인(仁)을 행하는 방법을 묻고, 공자가 답한 말이다.

공자는 항상 제자들에게 맞춤식으로 가르침을 줬다. 자공은 평소 자기보다 못한 이를 친구로 삼았다. 공자는 자공이 인(仁)을 행하기 위해서는 친구를 사귈 때 자신의 덕을 높여줄 수 있는 현명한 사람을 사귀는 것이 중요하다는 가르침을 줬다.

장인이 걸작품을 만들 때 도구를 날카롭게 벼려내듯이, 배우는 자기 자신의 인격을 완성하기 위해서는 먼저 닮고 싶고, 존경할 만한 사람을 주변에 가까이 두어야 한다.

멀리까지 내다보라

人無遠慮, 必有近憂.
인 무 원 려　필 유 근 우

사람이 멀리까지 생각하지 않으면,
반드시 가까운 근심이 있다.

지금 생각하지 않으면 나중에 근심하게 되는 수가 있다. 사람이 걷는 데 필요한 땅은 발바닥이 닿는 면적에 불과하다. 하지만 그렇다고 해서 나머지 땅이 쓸모없는 것은 아니다. 나머지 부분이 없으면 천 길 낭떠러지 위에서 위태롭게 한 발 한 발 내딛는 것과 같다. 어찌어찌 중심을 잡아 걸어갈 수도 있겠지만, 언제 떨어질지 몰라 걱정이 가득한 상태로 걸어가야 한다.

생각도 마찬가지다. 어떤 일이 눈앞에 닥칠 때부터 생각을 시작하면 위태롭다. 여유 있게 미리 생각하고 준비하면 근심이 줄어든다. 그렇다고 하여 미래의 일을 미리 걱정하라는 말이 아니다. 미리 넓고 깊게 생각하여 근심을 예방하라는 의미이다.

원망을 사지 않을 정도로 책망하라

躬自厚而薄責於人, 則遠怨矣.
궁 자 후 이 박 책 어 인   즉 원 원 의

자기 잘못을 엄격하게 책망하고,
다른 사람의 잘못을 가볍게 책망하면,
원망이 멀어진다.

자신을 책망할 때는 엄격하게 해야 한다. 허물이 있을 때 대충 넘어가면 배움과 성장의 기회를 놓치게 된다. 평소에는 자기 자신을 충분히 사랑해주어도 좋다. 하지만 정말 자기를 사랑한다면 잘못이 있을 때 자신에게 관대하기만 해서는 안 된다.

다른 사람에게는 관대해져야 한다. 하지만 그가 받아들일 수 있을 정도의 가벼운 책망은 필요하다. 그래야 그 사람도 그 사건을 통해 배울 수 있기 때문이다. 명백한 잘못이 있을 때도 상대를 책망하지 않고 넘어가는 것은 그를 망치는 일이다. 남의 잘못을 나무랄 때는 그가 배움을 얻고, 원망하지 않을 정도로 가볍게 하는 것이 좋다.

스스로 깊이 생각하라

不曰, 如之何如之何者, 吾末如之何也已矣.
불왈   여 지 하 여 지 하 자   오 말 여 지 하 야 이 의

'어찌할 것인가, 어찌할 것인가?' 말하지 않는 자는
나도 어찌할 방법이 없다.

    사람은 스스로 궁리해야 한다. 깊게 생각하고 살펴서 방법을 찾아가려 노력하는 사람에게는, 적절한 시기에 받는 스승의 도움이 결정적인 성장의 계기가 될 수 있다. 하지만 이전에 독자적으로 생각하지 않고, 누군가가 답을 손에 쥐어주길 기다리는 사람은 발전이 없다.

    새끼 새가 알을 깨고 밖으로 나오려면 스스로 부리가 부서질 만큼 껍질을 쪼아야 한다. 그때 밖에서 어미가 조금 도와주면 알을 깰 수 있다. 스스로 깊이 생각하고 방법을 찾아야 한다.

무엇을 위해 모일 것인가?

群居終日, 言不及義, 好行小慧, 難矣哉.
군 거 종 일 언 불 급 의 호 행 소 혜 난 의 재

종일 여러 사람이 모여 말하는 것이 의(義)로운 바가 없고,
잔꾀 부리고 재간 자랑이나 좋아한다면 덕에 들기 어렵다.

공자는 서로 덕을 닦는 데 도움을 주는 존재가 이상적인 친구라
고 생각했다. 그래서 하루 종일 여럿이 모여 쓸데없이 시간을 낭비하
는 것을 경계했다. 어떤 모임에서 오가는 말에 의로움이 없고, 이익
을 도모하기 위해 잔꾀나 부린다면 덕을 닦는 일에 나아가려고 해도
성취할 것이 없다. 사람들이 모여 사는 곳에서 의롭고 선한 마음으로
서로를 이끌어줘야지, 이익이나 흥미만을 목적으로 사람을 꾀지 말
라는 말이다.

물론 친목만을 위해 모이는 것도 좋다. 이 말은 인(仁)을 향한 배움을
구하는 사람들을 염두에 두고 한 말이니 가려서 새기면 좋을 것이다.

의(義)를 바탕으로 삼아라

君子義以爲質, 禮以行之, 孫以出之, 信以成之, 君子哉.
군 자 의 이 위 질   예 이 행 지   손 이 출 지   신 이 성 지   군 자 재

군자는 의(義)를 바탕 삼고, 예에 맞게 행동하고,

겸손하게 표현하고, 신실한 태도로 언행을 완성한다.

이런 사람이 군자라 할 수 있다.

'의(義)'에는 '옳은 것, 의로운 것' 혹은 '알맞은 태도와 합리적인 방법, 정의에 합당한 행동'이라는 뜻이 있다. 의(義)는 일을 제어하는 근본과 바탕이다.

군자는 의(義)를 바탕으로 삼는다. 행동할 때는 절제와 예의가 있어야 한다. 자기 생각을 말로 표현할 때는 겸손하게 해야 한다. 말과 행동을 완성하는 것은 신실함이다. 군자의 언행과 태도에 대해 의(義)를 근본으로 하고, 예의와 겸손함으로써 표현하고, 신실함으로 완성할 것을 전한 말이다.

헛된 명성을 추구하지 말라

君子病無能焉, 不病人之不己知也.
군 자 병 무 능 언   불 병 인 지 불 기 지 아

군자는 자기 능력이 부족함을 걱정하고,
다른 사람이 자기를 알아주지 않는 것을 걱정하지 않는다.

명성은 헛된 것이다. 실질, 본질이 아닌 말단이다. 실제로 덕과 능력을 갈고닦지 않으며 명성에만 힘쓰는 것은 허망한 일이다. 실제로 그렇지 않은데 헛된 이름만 높아지면 진짜 그 실력이 드러났을 때 부끄럽다.

실력이 있는 사람은 기회를 만났을 때 부와 명성을 얻는다. 만일 실력이 없는 사람이 명성을 누리고 있다면 그에게 남은 것은 추락뿐이다. 자기에게 진정으로 능력이 있다면 꽃향기가 은은하게 퍼져 나가듯 억지로 알리려고 하지 않아도 남이 반드시 알아주게 되어 있다.

자신의 삶을 책임져라

君子求諸己, 小人求諸人.
군 자 구 저 기　소 인 구 지 인

군자는 자기를 나무라고,
소인은 다른 사람을 나무란다.

군자는 자신에 대한 평가를 남에게 맡기지 않는다. 스스로 충실함을 추구할 뿐이다. 그래서 자신의 이름이 세상에 드러나지 않더라도 다른 사람을 원망하지 않고, 자신을 나무라면서 분발한다. 스스로 모든 상황에 대한 책임을 지려고 한다. 그래서 언제나 성장할 수 있다.

소인은 자신에 대한 평가를 남에게 맡긴다. 자기 본질의 향상보다는 어떻게 포장되어 남에게 알려지는가에 집중한다. 자신의 이름이 알려지지 않으면 안달복달하고, 다른 사람을 원망한다. 크게 성취할 수 있는 것이 없다.

파벌을 만들지 마라

君子矜而不爭, 群而不黨.
군 자 긍 이 부 쟁   군 이 부 당

군자는 몸가짐을 엄숙하게 하면서 다투지 않는다.
화목하게 지내면서 파벌을 만들지 않는다.

몸가짐을 엄숙하고 긍지 있게 하려다 보면 자칫 교만해질 수 있다. 혹은 맑은 물에 물고기가 모이지 않듯, 사람들을 밀어낼 수 있다. 하지만 군자는 비뚤어진 마음이 없어, 다른 사람과 다투지 않는다.

여러 사람과 화목하게 지내다 보면 좋은 평판과 인기를 얻고 싶은 욕심이 생긴다. 그 욕심 때문에 지나치게 남의 비위를 맞추고 아첨하며, 끼리끼리 어울려 파벌을 이루는 일이 생긴다. 군자는 그런 뜻이 없기에 사사롭게 무리 짓지 않는다.

있는 그대로 바라보고 판단하라

君子不以言擧人, 不以人廢言.
군 자 불 이 언 거 인   불 이 인 폐 언

군자는 말만 듣고 사람을 등용하지 않으며,
사람만 보고 그의 말까지 버리지 않는다.

색안경을 끼고 사람과 사물을 바라보면 올바른 판단을 하지 못하는 수가 있다. 사람들의 평판이 좋고, 학벌이나 집안 배경이 완벽한 사람이라고 하더라도 직접 만나보면 실망스러운 경우도 있고, 그 반대인 경우도 있다.

사람의 신분이 높지 않고, 그의 평소 행실이 좋지 않다고 해서 그가 하는 말 모두가 가치 없는 것은 아니다. 걸인의 말이라도 새겨들을 것이 있다. 편견을 버리고, 있는 그대로 판단해야 한다.

간교한 말에 흔들리지 말라

巧言亂德, 小不忍則亂大謀.
교 언 란 덕   소 불 인 즉 란 대 모

간교한 말은 덕을 어지럽히고,
작은 것은 참지 못하면 큰일을 망치게 된다.

간교한 말은 바른말이 아니다. 무엇이 옳은지, 무엇이 그른지 알지 못하게 혼란스럽게 한다. 듣는 사람으로 하여금 굳게 믿고 있는 것을 지키지 못하게 한다. 어진 덕을 가진 사람을 모함하고 헐뜯어 그 자리를 잃게 하기도 한다.

어떤 상황에서 작은 일을 참지 못하면 꼭 지켜야 할 비밀이 새어 나갈 수 있다. 그러면 큰일을 망치게 된다. 큰일을 앞두고 작은 일에 휘둘리지 말아야 한다. 교묘한 말로 나를 흔들려고 하는 의도를 파악하고 흔들리지 않아야 한다.

사람은 반드시 직접 보고 살펴라

衆惡之, 必察焉. 衆好之, 必察焉.
중오지 필찰언 중호지 필찰언

여러 사람이 미워하더라도 반드시 살펴보아라.
여러 사람이 좋아하더라도 반드시 살펴보아라.

다수의 판단은 여러 사람이 그렇게 믿고 있는 것일 뿐이다. 다수의 생각이 항상 옳은 것도 아니고, 틀린 것도 아니다. 모두가 한 사람을 미워하더라도 반드시 스스로 세밀하게 관찰하고 겪어본 후에 그 사람을 판단해야 한다. 마찬가지로 모두가 한 사람을 칭찬한다고 해도 과연 그에 부합하는 사람인지 직접 확인하는 과정이 필요하다.

많은 사람이 미워하고 좋아하는 것에 휩쓸리지 마라. 그것은 하나의 의견일 뿐이다. 그 의견을 그대로 믿을 것이 아니라, 자기 나름의 판단 기준을 갖고 직접 살펴보아야 한다.

허물을 고치지 않는 것이 진짜 허물이다

過而不改, 是謂過矣.
과 이 불 개   시 위 과 의

허물을 저지르고도 고치지 않는다면 이것이 바로 허물이다.

．

허물이 없는 사람은 없다. 누구나 크고 작은 잘못을 저지르며 살아간다. 누구나 허물이 있지만, 모두가 자기 허물을 깨닫고 고치는 것은 아니다.

두 가지 이유 때문이다. 하나는 허물이 있다는 것을 인정하기가 어렵기 때문이다. 자기 잘못을 인정하는 데는 용기가 필요하다. 다른 하나는 잘못을 고치는 것 자체가 어렵기 때문이다. 이전과는 다른 생각을 하고 다른 행동을 해야 한다. 교만했다면 겸손해져야 하고, 사치스러웠다면 검소해져야 하고, 남을 미워하는 마음이 있었다면 용서하고 사랑해야 한다. 이를 위해서도 용기가 필요하다.

그리고 무엇보다 용기를 내어 허물을 고치려는 태도가 없다면 그것이 진짜 허물이다.

생각만 하지 말고 배워야 한다

吾嘗終日不食, 終夜不寢, 以思, 無益. 不如學也.
오 상 종 일 불 식　종 야 불 침　이 사　무 익　불 여 학 야

내가 일찍이 종일 먹지 않고, 밤새워 잠자리에 들지 않고,
생각해봤으나 얻는 것이 없었다. 배우는 것만 같지 않았다.

이 말은 공자가 생각만 하고 배움을 게을리하는 사람들에게 전하는 말이다.

생각만 하고 배우지 않는 것과 배우기만 하고 스스로 생각하지 않는 것 모두 올바른 배움의 자세가 아니다. 겸손한 자세로 선배들이 평생을 바쳐 연구한 것을 배우고, 그것을 내 것으로 만들기 위해 몰두하는 마음이 중요하다.

사람의 생각은 크게 다르지 않다. 내가 고민하는 문제나 주제는 이미 누군가가 같은 과정을 겪고 충분히 연구한 것일 수 있다. 그 결과를 참고하면 혼자 끙끙거리는 시간을 줄이는 데 도움이 된다. 배우는 것과 생각하는 것 사이에 균형을 잡아야 한다.

사욕으로 지위를 잃는다

知及之, 仁不能守之, 雖得之, 必失之.
지 급 지 인 불 능 수 지 수 득 지 필 실 지

재능과 지혜가 충분하더라도
인덕이 그 자리를 지킬 정도가 되지 않으면,
비록 그 지위를 얻었다 하더라도
반드시 잃게 된다.

능력이 뛰어난 지도자가 스캔들에 휘말려 한순간에 그 지위를 잃는 것을 종종 볼 수 있다.

그런 사건의 근본 원인은 바로 그 사람의 삿된 욕심이다. 재물에 대한 욕심, 권력욕, 성욕 등 형태는 다양하지만 본질은 같다. 나라를 맡아 다스릴 만한 재주가 있음에도 욕망의 노예가 되어 틈이 생긴 것이다.

높은 지위를 얻을수록 반드시 삿된 욕심을 경계하고 덕을 닦는 데 더욱 힘써야 한다.

꼭 해야 할 일은 양보하지 마라

當仁, 不讓於師.
당 인   불 양 어 사

인(仁)을 깨닫고 행하는 것에 있어서는
스승에게조차 양보하지 않는다.

'당인(當仁)'은 '인(仁)을 자기의 소명으로 맡는다'는 뜻이다. 즉, 사람을 사랑하고 인간의 도리를 깨닫고 행하는 것을 평생의 과제로 삼는 것이다.

스승은 떠받들고 모셔야 할 존재이지만, 자신의 소명을 위해서는 스승에게조차 그것을 양보하지 않는다. 인(仁)의 실천은 자기 자신에게 달린 것이지, 남에게 좌우되는 것이 아니다. 그래서 원래는 양보하고 말고 할 것이 없다. 하지만 이렇게 스승에게도 양보하지 말라고 단언함으로써 그 누구에게도 구애받지 말고, 아무것도 돌아보지 말고 그것에 용맹정진할 것을 강조한다.

고집불통이 되지 마라

君子貞而不諒.
군 자 정 이 불 량

군자는 바르고 굳세지만,
시비를 가리지 않고 자기 믿음만 고집하지는 않는다.

　군자의 품성에 대한 말이다. 군자는 자신이 믿는 가치를 지조 있게 지키고, 마음이 굳세다. 하지만 지키려고만 하면 고집불통이 되기 쉽다. 동시에 항상 열린 마음을 가져야 한다. 지금까지 깨달은 것을 지키면서 실천하는 것도 중요하지만, 깨달음은 언제나 변할 수 있다. 완벽한 진리가 세상에 존재한다는 믿음은 허구다. 자기가 배운 것에 갇혀 그것만을 고수한다면 더 높은 차원의 깨달음을 얻을 수 없다.

　배우는 자는 바르고 굳세되, 고집불통이 되지 않도록 주의해야 한다.

공평하게 가르쳐라

有敎無類.
유 교 무 류

가르침을 공평하게 하면 구분이 없어진다.

사람의 본성은 본래 선하다. 본래 선한 사람들이 후천적인 환경이나 습성으로 인해 다른 기질과 선악의 차이를 갖게 된다. 군자의 가르침을 통해 모든 사람이 원래의 선한 본성을 회복할 수 있다.

그래서 배움의 기회는 공평해야 한다. 사회적인 지위, 경제력, 출신, 배경 등으로 가르침의 대상을 구분해서는 안 된다. 공자는 누구든 가르침을 청하면 외면하지 않았다.

뜻이 같아야 함께 할 수 있다

道不同, 不相爲謀.
도 부 동　불 상 위 모

뜻이 같지 않으면 일을 함께 도모할 수 없다.

함께 일하려면 가치관과 뜻하는 바가 같아야 한다. 뜻이 같지 않으면 일하는 과정에서 크고 작은 문제가 생긴다. 특히 이익을 우선시하는 사람과 의리와 가치를 중요하게 생각하는 사람은 절대 함께할 수 없다. 이익을 추구하면 '사람'을 보지 않는다. 일할 때 다른 사람에게 훌륭한 가치를 전해준다거나 성장하는 것에는 관심이 없는 것이다.

제대로 일을 하려면 먼저 뜻이 맞는 사람을 찾아야 한다.

글은 간결하게 써라

辭, 達而已矣.
사 달 이 이 의

글이란, 뜻을 잘 전달하기만 하면 된다.

    글은 간결하게 쓰는 것이 좋다. 상대에게 전하려고 하는 뜻을 잘 전달하는 것이 중요하지, 화려한 미사여구나 기교가 중요한 게 아니다. 글을 쓰는 목적은 쓰는 이의 생각을 명백하게 전달하는 것이다. 글이 길어지면 그 글을 읽는 사람이 잘못 이해할 확률이 높아진다.

    실제 내용은 별것 없는데 뭔가 더 있는 듯이 꾸며서 쓰는 글은 쓰는 사람도 피곤하고, 읽는 사람도 피곤하다. 글씨를 쓸 때도 누구나 읽을 수 있게 또박또박 정자로 쓰는 것이 기본이다.

경계해야 할 것을 판단하려면

계씨 季氏

논어의 열여섯 번째 편으로, 원문은 14장이다.
'계씨(季氏)'는 공자의 제자인 염유와 자로가 섬기던 인물이다.
계씨가 약소국인 전유국을 치려고 하자
공자가 두 제자를 꾸짖는 내용으로 시작한다.
정치활동, 처신과 더불어 다른 사람과의 교류,
군자가 경계할 점 등과 관련한 내용이 담겨 있다.

친구를 신중하게 사귀어라

益者三友, 損者三友,
익 자 삼 우   손 자 삼 우
友直, 友諒, 友多聞, 益矣.
우 직 우 량 우 다 문 익 의
友便辟, 友善柔, 友便佞, 損矣.
우 편 벽 우 선 유 우 편 녕 손 의

유익한 친구에는 세 부류가 있고, 해가 되는 친구에도 세 부류가 있다.
정직한 사람, 진실한 사람, 박학다식한 사람을 친구로 삼으면 유익하다.
겉모습만 꾸미고 곧지 않은 사람, 아첨과 아양을 잘 떠는 사람, 말만 잘하고
내실이 없는 사람을 친구로 삼으면 해가 된다.

정직한 친구는 나의 잘못을 말해준다. 진실한 친구를 통해 성실함으로 나아갈 수 있다. 박학다식한 친구를 두면 지적인 자극을 받고, 밝은 지혜로 나아갈 수 있다. 이 세 부류는 거울삼아 배울 수 있는 장점이 있다.

편벽한 사람은 겉모습을 꾸미는 데에만 치중하고 정직하지 않다. 아첨하고 아양을 잘 떠는 사람은 기미가 맞는 사람들과 잘 어울리는 것처럼 보이지만 진실하지 않다.

친구를 사귈 때는 그 사람의 본질을 보며 선택하는 것이 현명하다.

욕망을 경계하라

君子有三戒,
군 자 유 삼 계

少之時, 血氣未定, 戒之在色,
소 지 시 혈 기 미 정 계 지 재 색

及其壯也, 血氣方剛, 戒之在鬪,
급 기 장 야 혈 기 방 강 계 지 재 투

及其老也, 血氣旣衰, 戒之在得.
급 기 노 야 혈 기 기 쇠 계 지 재 득

군자는 세 가지를 경계해야 한다.

젊을 때는 혈기가 안정되지 않아 색욕을 경계해야 한다.

장년기에는 혈기가 굳세고 강해 싸움을 경계해야 한다.

노년기에는 혈기가 이미 쇠해 욕심을 경계해야 한다.

혈기는 젊은 시절 안정되지 않고, 장년기에는 굳세고 왕성해지며, 노년기에는 쇠한다. 그에 따라 욕망이 일어난다.

안정되지 않은 혈기는 성욕으로 드러난다. 혈기가 굳세고 왕성할 때는 자기를 굽히려고 하지 않아, 다른 사람과의 다툼에 휘말리기 쉽다. 혈기가 쇠하면 재물과 같은 것을 끌어들여 쌓아두려고 한다. 물욕이 일어나는 것이다. 혈기에 부림을 당하지 않으려면 극기 공부에 힘쓰고, 지혜를 길러야 한다.

항상 배우려는 자세를 가져라

生而知之者 , 上也 . 學而知之者 , 次也 .
생 이 지 지 자   상 야   학 이 지 지 자   차 야
困而學之, 又其次也. 困而不學, 民斯爲下矣.
곤 이 학 지   우 기 차 야   곤 이 불 학   민 사 위 하 의

나면서부터 아는 자는 상등이다.

배워서 아는 자는 그다음이다.

곤란함에 처해 배우는 자는 또 그다음이다.

곤란함에 처해서도 배우지 않으면 사람의 등급 중 이것이 가장 낮다.

나면서부터 아는 사람을 상등이라고 했지만, 나면서부터 배우지도
않고 아는 법은 없다. 다만, 뛰어나게 총명해서 배우는 데 어려움이
덜할 뿐이다. 평범하더라도 뜻을 세우고 열심히 배워 아는 사람이 있
고, 곤란함을 당한 뒤에야 배우는 사람이 있다.

배우는 데 재주가 없어서 배우지 않는 것이 큰 죄는 아니다. 하지
만 곤란함에 처해 그것에서 벗어나기 위해서는 필히 배워야 함에도,
게으름 때문에 배우지 않으면 그것은 최하등의 사람이다.

선한 것을 좇아라

見善如不及, 見不善如探湯.
견 선 여 불 급   견 불 선 여 탐 탕

선을 행할 기회를 만나면 따라가지 못하는 듯하고,
선하지 못한 상황에 빠지면 끓는 물을 더듬는 듯하라.

다른 사람의 선행을 보거나 좋은 행동을 할 수 있는 기회를 만난다
면, 그냥 지나치지 말고 선한 행동을 하려고 노력해야 한다. 지금 형
편이 좋지 않아서, 눈앞에 당장 해야 할 일이 많아서 할 수 없다고 미
루면 그것이 습관이 되어버린다.

악한 일에 엮이는 상황이 되면 마치 끓는 물에서 손을 빼듯이, 주
저하지 말고 빠져나와야 한다. 선하지 않은 일에 머뭇거리고 시간을
끌면, 자기도 모르게 서서히 물들어갈 수 있다.

사람을 보는 기준을 세우려면

양화 陽貨

논어의 열여섯 번째 편으로, 원문은 26장이다.
제목의 '양화(陽貨)'는 불의한 자로,
공자가 적당히 거리를 두었던 인물이다.
이 편에서는 교육과 인(仁)에 대한 공자의 생각을 살펴볼 수 있다.
또한, 공자가 사람을 보는 기준, 겉으로만 위엄이 있는 체하거나
말재주만 좋은 자를 경계하는 면모도 확인해볼 수 있다.

후천적인 습관이 중요하다

性相近也, 習相遠也.
성 상 근 야   습 상 원 야

사람이 타고난 본성은 서로 가까우나, 습성이 달라 서로 멀어진다.

'타고난 성품'이란 좋아하고 싫어하는 본성을 말한다. 쉽게 말하자면 모든 사람이 덕(德)이나 선(善)을 좋아하고, 악(惡)을 싫어하는데 그 본성이 타고난 성품이다. 이렇게 타고난 성품은 사람마다 크게 다르지 않지만, 자라온 환경이나 경험에 따라 생각하는 습성이 굳어지기 때문에 서로 멀어진다.

즉, 선을 익히고 행하는 사람은 조금씩 더 선에 가까워지고, 악을 익히고 행하는 사람은 조금씩 더 악에 가까워진다. 그래서 서로 더 멀어지게 되는 것이다.

인(仁)에 이르는 다섯 가지 덕

恭寬信敏惠, 恭則不侮, 寬則得衆, 信則人任焉,
공관신민혜 공즉불모 관즉득중 신즉인임언

敏則有功, 惠則足以使人.
민즉유공 혜즉족이사인

공손하면 모욕을 당하지 않는다. 관대하면 사람들의 지지를 받는다.
신실하면 사람들의 신뢰를 얻는다.
민첩하면 공을 이룰 수 있다. 은혜를 베풀면 사람을 부릴 수 있다.

자장이 인(仁)에 대해 묻고, 공자가 답한 말이다.

'인(仁)'을 파자하면 '사람(人) 둘(二)'이다. 즉, 그 본질은 사람 사이의 관계다. 남을 공손하게 대하면 공손함을 돌려받는다. 모욕을 당할 일이 없다. 신실하게 처신하면 사람들의 신뢰를 얻는다. 일할 때 민첩하면 일을 해냄으로써 공을 이룬다. 남에게 은혜를 베풀면 그 보답으로 사람의 마음을 얻을 수 있으니 남을 부릴 수도 있는 것이다.

이 다섯 가지를 도리로 삼으면, 날마다 조금씩 인(仁)에 가까워질 수 있다.

겉으로만 꾸미지 마라

色厲而內荏, 譬諸小人, 其猶穿窬之盜也與.
색 려 이 내 임   비 제 소 인   기 유 천 유 지 도 아 여

겉으로 위엄 있는 척하고 속이 유약한 사람은

일반 소인에게 비유한다면

벽을 뚫고 담을 넘는 좀도둑과 같다.

군자는 내면이 단단한 사람이다. 겉으로는 부드럽고 온순하여 마치 유약한 것처럼 보이지만, 내면은 강한 신념으로 채워져 있어 굳세고 단단하다. 반대로 속으로 유약하면서 겉으로만 위엄 있는 척하는 사람은 군자 행세를 하는 가짜다.

그런 사람은 남도 속이고 자신도 속이고 있으니 좀도둑과 다를 게 없다. 큰 도둑은 배짱이라도 두둑하지만, 좀도둑은 언제 들킬지 몰라 노심초사하며 항상 두려워한다. 실상도 없이 헛된 명성만 날리면서 위엄 있는 척하는 사람은 껍데기에 불과하다.

길에서 들은 말을 옮기지 마라

道聽而塗說, 德之棄也.
도 청 이 도 설   덕 지 기 야

길에서 들은 말을 길에서 전하는 것은 덕을 버리는 것이다.

길에서 들은 말을 시비나 선악을 가리지도 않고, 그대로 전하는 것은 경계해야 할 일이다. 객관적인 사실이 아닌, 다른 사람의 사건이 들어 있는 말은 스스로 생각하여 검증해보아야 한다. 특히 남을 비방하는 말이나 확인되지 않은 사건에 대한 말은 더욱 주의해야 한다.

선한 말을 들었다고 하더라도 그것을 자기 스스로 실천하고 체화하는 것이 우선이다. 아무리 좋은 것이라고 하더라도 직접 경험해보지 않고 바로 남에게 전하는 것은 금물이다. 말을 삼가지 않는 것이 덕에서 가장 천한 행동이다.

말재주 좋은 자가 나라를 망칠 수 있다

惡利口之覆邦家者.
오 리 구 지 복 방 가 자

나는 말재주로 나라를 뒤집는 것을 미워한다.

공자는 속은 비었으면서 화려한 언변만 지닌 자를 경계했다.《논어》에서 여러 차례 말만 앞세우는 자를 미워한다는 내용이 나온다. 말을 잘하는 것 자체가 나쁜 건 아니다. 덕이 있는 사람은 그의 내공이 묻어 나오기 때문에 말에 힘이 있다. 하지만 실질이 말재주를 따르지 못하는 사람은 위험하다.

말재주만 뛰어난 사람을 경계하는 이유는 그른 것을 옳다고 하고, 옳은 것을 그르다고 하기 때문이다. 훌륭한 사람을 모함하여 그 지위를 잃게 하고, 격이 맞지 않는 사람을 천거하여 맞지 않는 자리에 앉게 하기도 한다.

만약 지도자가 말재주만 화려한 사람을 신임하면 나라가 전복되는 건 시간문제다.

스스로 깨우쳐라

予欲無言.
이 욕 무 언

天何言哉? 四時行焉, 百物生焉, 天何言哉.
천 하 언 재   사 시 행 언   백 물 생 언   천 하 언 재

나는 말을 아니 하고자 한다.
하늘이 무슨 말을 하는가? 사시가 운행하고, 뭇 생명이 나서 자라지만, 하늘
이 무슨 말을 하던가?

공자가 어느 날 말을 하지 않겠다고 선언한다. 자공이 '말씀을 하지 않으시면 제자들이 무엇으로 가르침을 전하겠습니까' 하고 물었다. 공자는 하늘이 사시를 운행하고, 생명을 낳아 기르지만 아무 말도 하지 않듯 행동으로 보여주되, 세세히 말로 일러주지 않겠다고 대답했다.

하나하나 말로 일러주면 제자들이 독자적으로 생각하는 힘을 키울 수 없다. 제자들이 스승의 말에 의존해버리면 스스로 깨닫는 노력을 게을리할 수 있는 것이다. 공자는 제자들이 남에게 의존하지 말고 직접 생각하고 깨우치기를 바랐다.

마음은 쓰기 위해 있는 것이다

飽食終日, 無所用心, 難矣哉.
포 식 종 일 무 소 용 심 난 의 재

종일토록 배불리 먹기만 하고,
어떤 일에도 마음을 쓰지 않으면 큰일을 하기 어렵다.

마음은 쓰기 위해 있는 것이다. 자기 성장을 위해 마음의 힘을 활용하지 않으면 무슨 일이든 이루기 어렵다. 공자는 이 말 뒤에 차라리 바둑이라도 두라고 했다. 바둑 두는 그 기운을 잘 돌리면 무슨 일이라도 해볼 수 있다. 하지만 애초에 게을러서 아예 마음을 쓰지 않는 사람은 끝내 이루는 것이 없다.

공자는 특히 배움을 강조했다. 아무것도 배우지 않고 스스로 생각하지 않는 사람의 게으름을 경계했다.

恭寬信敏惠, 恭則不侮,
공관신민혜 공즉불모

寬則得衆, 信則人任焉,
관 즉 득 중   신 즉 인 임 언

敏則有功, 惠則足以使人.
.민 즉 유 공   혜 즉 족 이 사 인

공손하면 모욕을 당하지 않는다.

관대하면 사람들의 지지를 받는다.

신실하면 사람들의 신뢰를 얻는다.

민첩하면 공을 이룰 수 있다.

은혜를 베풀면 사람을 부릴 수 있다.

더불어 사는 삶을 살려면

미자 微子

논어의 열일곱 번째 편으로, 원문은 11장이다.
'미자(微子)'는 상나라 마지막 왕인 폭군 주왕의
배다른 형으로, 주왕의 무도함을 보고 떠난 사람이다.
이 편에서는 공자의 정치사상이 주로 나타나 있다.
특히, 공자에게 혼란한 세상을 떠나 마음 편히 살라는
농부들의 말을 전한 자로에게 자신은 세상을 버리지 않겠다고 답한
공자의 말에 울림이 있다.

세상 사람과 더불어 살겠다

吾非斯人之徒與而誰與?
오 비 사 인 지 도 여 이 수 여

天下有道, 丘不與易也.
천 하 유 도 구 불 어 역 야

내가 이 세상의 사람과 살지 않으면 누구와 더불어 살겠는가?
천하에 도가 있었다면, 내가 세상을 바꾸려 하지 않았을 것이다.

자로가 공자와 함께 초나라를 떠나 채나라, 진나라로 향하던 중에 농부들에게 길을 물었다. 그런데 농부들이 자로에게 세상이 혼란하니 공자를 따르며 고생만 하지 말고 자기들처럼 세상을 등지고 마음 편히 살아가라고 권했다. 이 말을 전해 듣고 공자가 자로에게 한 말이다.

공자는 세상이 무도하고 자기의 뜻을 펼치기 힘들다고 하더라도, 세상을 버리지 않겠다고 말했다. 천하에 도가 있다면 자신도 흔쾌히 은거하겠지만, 그렇지 않기 때문에 세상을 바꾸겠다는 생각을 전한 말이다.

군자가 사람을 대하는 법

君子不施其親, 不使大臣怨乎不以.
군자불이기친 불사대신원호불이

故舊無大故, 則不棄也, 無求備於一人.
고구무대고 즉불기야 무구비어일인

군자는 자기 친족을 버리지 않는다.

대신으로 하여금 자기를 써주지 않음을 원망하게 하지 않는다.

오랜 친구는 큰 죄가 없으면 버리지 않는다.

한 사람에게 모두 갖추기를 구하지 않는다.

군자가 사람을 대하고 활용하는 법에 대해 주무왕의 동생 주공(周公)이 아들 노공(魯公)에게 전한 말이다. 공자는 주공을 성인으로 추앙했다. 군자는 자기 친족뿐만 아니라 모든 사람을 공평하게 대하고 끌어안는다. 어떤 자리에 있는 사람이 적합한 인물이 아니면 적재적소로 재배치한다. 그 자리에 있는 사람은 꼭 적절하게 써서 그가 능력을 발휘하게 한다. 의도적으로 큰 죄를 저지르지 않는 한 옛 친구를 버리는 일이 없다. 모든 사람은 각자의 장단점이 있다. 군자는 한 사람에게 모든 것을 갖추기를 요구하지 않고, 각자의 장점을 인정하고 활용한다.

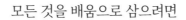

모든 것을 배움으로 삼으려면

자장 子張

논어의 열여덟 번째 편으로, 원문은 25장이다.
공자의 제자들의 말을 기록한 편으로,
자하와 자장의 말이 많다.

널리 배우고 절실하게 물어라

博學而篤志, 切問而近思, 仁在其中矣.
박 학 이 독 지   절 문 이 근 사   인 재 기 중 의

널리 배우고 뜻을 독실히 하라.
절실하게 묻고 가까운 것부터 생각하라.
인(仁)이 그 가운데 있다.

공자의 제자 자하의 말이다.

널리 배워야 세상과 사물을 보는 시야를 넓힐 수 있다. 배운 지식을 종합하는 능력도 갖출 수 있다. 뜻이 독실하지 않으면 행동하지 않는다. '글은 글이고 나는 나다'라는 식으로 배운 것을 활용하지 못한다.

절실하게 묻지 않고 대충 묻는다면 문제의식이 없는 것이다. 공연히 분주하기만 하지, 실제로 이루는 것이 없다. 가까운 것부터 생각하여 적용하면 알고 있는 것을 유추해서 다른 것에도 확장하여 적용할 수 있다.

잘못을 저지르고 변명하지 마라

小人之過也必文.
소인지과야필문

소인은 잘못이 있으면 반드시 꾸며댄다

군자와 소인은 각자 두려워하는 것이 다르다. 군자는 스스로 속이는 것을 두려워한다. 하지만 소인은 스스로 속이는 것을 두려워하지 않는다. 군자는 잘못을 저지르고도 그에 대해 바로잡지 않는 것을 두려워한다.

하지만 소인은 잘못을 온전히 인정하고, 그를 바로잡는 것을 두려워한다. 그래서 나타나는 행동이 꾸며대는 것이다. 소인은 자기 잘못을 인정하고 싶지 않기 때문에 사실을 왜곡하거나, 행동의 동기를 좋은 것처럼 꾸민다. 잘못을 저질렀다면 변명하지 말고 즉시 인정하고, 고치려는 용기를 가져야 할 것이다.

먼저 신뢰를 얻어라

君子信而後勞其民, 未信, 則以爲厲己也,
군 자 신 이 후 노 기 민   미 신   즉 이 위 려 기 아

信而後諫, 未信, 則以爲謗己也.
신 이 후 간   미 신   즉 이 위 방 기 아

군자는 신뢰를 얻은 뒤에 그 백성을 수고롭게 해야 한다.
그렇지 않으면 백성들은 자기들을 학대한다고 여긴다.
윗사람에게는 신뢰를 얻은 뒤에 간해야 한다.
그렇지 않으면 윗사람은 자기를 헐뜯는다고 여긴다.

신뢰 관계가 형성되지 않은 상태에서 상대에게 무엇을 요구하거나 직언하면 외면당하기 쉽다. 윗사람에게나 아랫사람에게나 '이 사람은 믿을 만하다'는 신임을 얻는 것이 무엇보다 중요하다.

신뢰가 없는 상태에서 아랫사람에게 지시하면, 아랫사람이 기꺼이 그 일을 하는 게 아니라 마지못해, 어쩔 수 없이 한다. 조금만 무리한 요구를 해도 불만이 터져 나온다.

윗사람에게 신임을 얻지 못한 상태에서 조언하면, 윗사람은 그 조언을 자기에 대한 비판과 도전으로 여기고 날을 세울 수 있다. 어느 조직에 몸담고 있든 먼저 사람들에게 신뢰를 얻어야 할 것이다.

모든 것이 배움이고, 모두가 스승이다

夫子焉不學? 而亦何常師之有?
부 자 언 불 학   이 역 하 상 사 지 유

공자가 어디에선들 배우지 않으셨겠는가?
또 스승이 꼭 있을 필요가 있겠는가?

위나라의 대부 공손조가 공자의 제자 자공에게 '공자는 어디서 배우셨는가?' 하고 물었다. 이에 자공이 대답한 말의 일부분이다.

공자는 모든 사물과 경험을 배움의 기회로 보았다. 옛날부터 전해 내려오는 성현의 말씀을 좋아하여 배우는 것을 즐겼고, 자신의 삶을 배움으로 가득 채웠다.

또한, 공자는 모든 사람을 스승으로 생각했다. 잘 모르는 것이 있으면 솔직히 알지 못한다고 하고, 필요하면 다른 사람에게 묻고 배우는 것을 부끄럽게 생각하지 않았다. 사람에게는 모두 배울 점이 있다. 그것을 인정하고 자세를 낮춰 하나하나 배우는 사람이 큰 덕을 이룰 수 있다.

중용의 도리를 따르려면

요왈 堯曰

논어의 마지막 편으로, 원문이 3장이며 가장 분량이 적다.
전설 속의 성군 요임금이 순임금에게 제위를 선양하고,
순임금이 우임금에게 선양하는 이야기를 중심으로
나라를 다스리는 요체를 전하고 있다.

중용의 도를 받들어라

允執其中
윤 집 기 중

진실로 중용의 도리를 따르라.

요임금이 순임금에게 왕위를 넘겨주면서 한 말의 일부로 전해진다. '중(中)'은 '어느 한쪽으로 치우치지 않는 것', '사물에 넘치고 모자람이 없는 당연한 도리'를 의미한다. 산술적인 중간, 가운데를 뜻하는 말이 아니다.

사람의 마음은 항상 위태롭다. 삿된 욕심을 채우려는 유혹이 마음을 흔들고 위험에 빠뜨린다. 순리와 정의로움을 따르려는 마음은 욕심에 가려 희미하다. 항상 깨어 있지 않으면 놓치기 쉽다. 그러니 정신을 하나로 모아 '중(中)'을 잡으려 노력해야 한다.